РУССКИЕ ПОЭТЫ

XIX ВЕКА

АНТОЛОГИЯ ДЛЯ СТУДЕНТОВ

Составление, примечания, биографические

справки, глоссарий

ПРОФЕССОР ЭМИЛЬ ДРЕЙЦЕР

Hermitage Publishers

1999

РУССКИЕ ПОЭТЫ XIX ВЕКА
Антология
Составление и примечания **Эмиль Дрейцер**

RUSSKIE POETY XIX VEKA
(*Russian Poets of XIX century*. An anthology)
Compiled and edited by **Emil Draitser**

Library of Congress Cataloging-in-Publication Data

[Russkie poéty XIX veka : antologiia dlia studentov / sostavlenie, prime-
    chaniia, biograficheskie spravki Emil' Dreitser].
        p.   cm.
      --Title on t.p. verso: Russian poets of XIX century.
        ISBN 1-49295-344-X (alk. paper)
      1. Russian language--Readers Poetry. 2. Russian poetry--19th
century. I. Draitser, Emil, 1937-   . II. Title: Russkie poety
19 veka. III. Title: Russkie poety deviatnadtsatogo veka.
IV. Title: Russian poets of XIX century.
PG2127.P63R87   1999
491.786'421--dc21   99-44530
                                                                    CIP

На обложке использована картина Г.Г. Чернецова:
«И.А. Крылов, А.С. Пушкин, В.А. Жуковский, Н.И. Гнедич в
Летнем саду в Петербурге» (1832 г.)

Published by Hermitage Publishers
P.O. Box 310
Tenafly, N.J. 07670, U.S.A.
    Tel. (201) 894-8247; Fax (201) 894-5591
    e-mail: Yefimovim@aol.com

The entire Hermitage catalog is available on the Internet:
http://users.aol.com/yefimovim
        &
http://Lexiconbridge.com/hermitage

ОТ СОСТАВИТЕЛЯ

Эта книга представляет собой сборник стихотворений, созданных крупнейшими русскими поэтами XIX века — от Жуковского до Некрасова. Хотя русская поэзия конца века пережила новый подъём, положивший начало движению «серебрянного века», она условно отнесена нами к веку двадцатому и будет представлена в следующем томе. Отбор текстов осуществлялся с точки зрения того, насколько они представляют основные темы в творчестве поэта и литературные течения эпохи — от сентиментализма и предромантизма к романтизму и реалистической поэзии.

В антологии в основном представлена лирическая поэзия. В стороне остались повествовательные произведения — поэмы и стихотворные драмы. Некоторые стихотворения включены потому, что, обладая высоким художественным уровнем, они также отражают личностную драму, связывают творечство поэта с его биографией. Наконец — и это неизбежно в любой антологии — выбор некоторых стихотворений продиктован личными пристрастиями составителя, сложившимися в ходе преподавания курса по русской поэзии XIX века на протяжении последних 12 лет.

Стихотворения расположены в хронологическом порядке. Хотя их датировка взята из академических изданий, в рамках данного издания не делалось различия между датой, удостоверенной литературоведческими исследованиями, и датой предполагаемой.

Антология предназначена для англоязычных студентов и аспирантов, владеющих русским языком в объёме 3-4 лет обучения. Для удобства студентов на полях текстов дан перевод устаревших, не часто встречающихся или применяющихся в особом значении слов и выражений, а также даны сноски с историко-культурными разъяснениями.

Я выражаю признательность моим коллегам, профессорам Тамаре Грин и Элизабет Божур, за помощь в уточнении некоторых историко-литературных справок.

Профессор Эмиль Дрейцер

Hunter College, City University of New York

Василий Андреевич Жуковский
(1783-1852)

1783 — родился в деревне Мишанская, под Тулой. Отец — тульский помещик, Афанасий Иванович Бунин; мать — пленная турчанка Сальха, которую в возрасте 16 лет подарили Бунину. Усыновлён бедным помещиком Андреем Григорьевичем Жуковским.

1797-1801 — учёба в «Благородном пансионе» при Московском университете. Занятия переводами из Оссиана (псевдоним английского поэта Макферсона).

1802 — возвращение в семейное имение. Создание программного произведения — элегии «Сельское кладбище» (по мотивам элегии английского поэта XVIII века Томаса Грея).

1808-1811 — редактор «Вестника Европы». Написана баллада «Людмила».

1812 — служба в земском войске. Написаны «Певец во стане русских воинов» и баллада «Светлана» (1808-1812).

1813-1814 — член литературного общества «Арзамас».

1815 — выход первого сборника стихов.

1815-1817 — даёт уроки при дворе принцессе Прусской.

1817-1819 — переложение «Слова о полку Игореве». Перевод «Орлеанской Девы» Шиллера (1817-1821).

1821 — опекун-гувернёр, репетитор будущего императора Александра Второго. Перевод поэмы Байрона «Шильонский узник» (1821-1822).

1831 — начало дружбы с Пушкиным. Написаны «Сказка о царе Берендее», «Спящая красавица» и «Война мышей и лягушек».

1841 — вышел на пенсию, женился на немке и поселился в Германии, на Рейне.

1842-1849 — «Сказка о Иване Царевиче» и «Кот в сапогах» (1843). Завершён перевод «Одиссеи» Гомера.

1852 — умер в Баден-Бадене (Германия).

ДРУ́ЖБА

Скати́вшись с го́рной высоты́,
Лежа́л на пра́хе дуб, перуна́ми разби́тый;   soil; lightning
А с ним и ги́бкий плющ, круго́м его́ обви́тый...
5   О Дру́жба, э́то ты!

1805

МОЯ́ ТА́ЙНА

Вам чу́дно, отчего́ во всю я жизнь мою́   surprising
Так ве́сел? — Вот секре́т: *вчера́* дарю́ забве́нью,
10   Поко́ю — *ны́не* отдаю́,   now
А *за́втра* — провиде́нью!   destiny

1810

СВЕТЛА́НА
(Отры́вок)

15   Раз в креще́нский* вечеро́к
     Де́вушки гада́ли:
    За воро́та башмачо́к,
     Сняв с ноги́, броса́ли;
    Снег поло́ли; под окно́м   weeded
20   Слу́шали; корми́ли
    Счётным ку́рицу зерно́м;   counted
     Я́рый воск топи́ли;   bright; melted
    В ча́шу с чи́стою водо́й
    Кла́ли пе́рстень золото́й,
25   Се́рьги изумру́дны;
    Расстила́ли бе́лый плат   kerchief
    И над ча́шей пе́ли в лад
     Пе́сенки подблю́дны.**

    Ту́скло све́тится луна́
30   В су́мраке тума́на —
    Молчали́ва и грустна́
     Ми́лая Светла́на.
    «Что, подру́женька, с тобо́й?
    Вы́молви слове́чко;   say
35   Слу́шай песни кругово́й;
     Вынь себе́ коле́чко.

---

* Креще́нье — Epiphany commemorating the baptism of Christ. According to Russian folk tradition, the days preceding Epiphány, beginning with Christmas Eve (January 7) until January 17, was a time for fortune-telling
40 described in this ballad.

** One of the fortune-telling rituals involved a shallow dish (блюдо).

Пой, краса́вица: "Кузне́ц,
Скуй мне злат и **нов** вене́ц,   forge; new
    Скуй кольцо́ злато́е;   golden
Мне венча́ться тем венцо́м,
5   Обруча́ться тем кольцо́м
    При свято́м нало́е".»*
«Как могу́, подру́жки, петь?
    Ми́лый друг далёко;
Мне судьби́на умере́ть
10   В гру́сти одино́кой.
Год промча́лся — ве́сти нет;
    Он ко мне не пи́шет;
Ах! а им лишь кра́сен свет,
    Им лишь се́рдце ды́шит...
15 Иль не вспо́мнишь о́бо мне?
    Где, в како́й ты стороне́?
    Где твоя́ оби́тель?   abode
Я молю́сь и слёзы лью!
Утоли́ печа́ль мою́,   soothe
20   А́нгел-утеши́тель».

Вот в **светли́це** стол накры́т   front room
    Бе́лой пелено́ю;   tablecloth
И на том сто́ле стои́т
    Зе́ркало с свечо́ю;
25 Два **прибо́ра** на столе́.   place settings
    «Загада́й, Светла́на;
В чи́стом зе́ркала стекле́
    В по́лночь без обма́на
Ты узна́ешь жре́бий свой:
30 Сту́кнет в две́ри ми́лый твой
    Лёгкою руко́ю;
Упадёт с двере́й запо́р;
    Ся́дет он за твой прибо́р
    У́жинать с тобо́ю».
35 Вот краса́вица одна́;
    К зе́ркалу сади́тся;
С та́йной ро́бостью она́
    В зе́ркало гляди́тся;
Тёмно в зе́ркале; круго́м
40   Мёртвое молча́нье;
Све́чка тре́петным огнём
    Чуть лиёт сия́нье...   is pouring

---

* Same as аналой — a lectern from which Scripture lessons are read in
a church service.

Робость в ней волнует грудь,
Страшно ей назад взглянуть,
   Страх туманит **очи**...   eyes
С треском **пыхнул** огонёк,   blazed up
5   Крикнул жалобно **сверчок**,   cricket
   Вестник полуночи.
. . . .
. . . .

Улыбнись, моя краса,
10   На мою балладу;
В ней большие чудеса,
   Очень мало складу.
Взором счастливый твоим,
   Не хочу я славы;
15 Слава — нас учили — дым;
   Свет — судья лукавый.   world; sly
Вот баллады толк моей:
«Лучший друг нам в **жизни сей**   this
   Вера в провиденье.
20 Благ **Зиждителя** закон.   the Creator's
Здесь несчастье — лживый сон;
   Счастье — пробужденье».

О! не знай **сих** страшных снов   these
   Ты, моя Светлана...
25 Будь, Создатель, ей **покров**!   protector
   Ни печали рана,
Ни минутной грусти тень
   К ней да не коснётся;
В ней душа — как ясный день;
30   Ах! да пронесётся
Мимо — Бедствия рука;
Как приятный ручейка
   Блеск на лоне луга,   bosom
Будь вся жизнь её светла,
35 Будь весёлость, как была,
   Дней её подруга.

1808–1812

РЫБА́К

Бежи́т волна́, шуми́т волна́!
   Заду́мчив, над реко́й
Сиди́т рыба́к; душа́ полна́
   Прохла́дной тишино́й.
Сиди́т он час, сиди́т друго́й;
   Вдруг шум в волна́х прити́х...
И вла́жною всплыла́ главо́й
   Краса́вица из них.

Гляди́т она́, поёт она́:
   «Заче́м ты мой наро́д
Мани́шь, влечёшь с родно́го дна
   В кипу́чий жар из вод?
Ах! е́сли б знал, как ры́бкой жить
   Приво́льно в глубине́,
Не стал бы ты себя́ **томи́ть**   to torment
   На зно́йной вышине́.

Не ча́сто ль со́лнце о́браз свой
   Купа́ет в ло́не вод?
Не све́жей ли гори́т красо́й
   Его́ из них исхо́д?
Не с ни́ми ли **свод не́ба** слит   the firmament
   Прохла́дно-голубо́й?
Не в ло́но ль их тебя́ мани́т   bosom
   И **лик** твой молодо́й?»   face

Бежи́т волна́, шуми́т волна́...
   На бе́рег вал плесну́л!
В нём вся душа́ тоски́ полна́,
   Как бу́дто друг шепну́л!
Она́ поёт, она́ мани́т —
   Знать, час его́ наста́л!
К нему́ она́, он к ней бежи́т...
   И след наве́к пропа́л.

1818

ЛЕСНО́Й ЦАРЬ

Кто ска́чет, кто мчи́тся под хла́дною мглой?
Ездо́к запозда́лый, с ним сын молодо́й.
К отцу́, весь **издро́гнув**, малю́тка прини́к;   shivering
Обня́в, его́ де́ржит и гре́ет стари́к.

«Дитя, что ко мне ты так робко прильнул?» —
«Родимый, лесной царь в глаза мне сверкнул.
Он в тёмной короне, с густой бородой». —
«О нет, то белеет туман над водой».

5   «Дитя, оглянися; младенец, ко мне;
Весёлого много в моей стороне:
Цветы бирюзовы, жемчужны струи;
Из золота **слиты чертоги** мои».   palaces cast

  «Родимый, лесной царь со мной говорит:
10   Он золото, **перлы** и радость **сулит**». —   pearls; promises
«О нет, мой младенец, ослышался ты:
То ветер, проснувшись, колыхнул листы».

  «Ко мне, мой младенец; в **дуброве** моей   leafy grove
Узнаешь прекрасных моих дочерей:
15   При месяце будут играть и летать,
Играя, летая, тебя усыплять».

  «Родимый, лесной царь созвал дочерей:
Мне, вижу, кивают из тёмных ветвей». —
«О нет, всё спокойно в ночной глубине:
20   То **ветлы** седые стоят в стороне».   white willows

  «Дитя, я пленился твоей красотой:
Неволей иль волей, а будешь ты мой». —
«Родимый, лесной царь нас хочет догнать;
Уж вот он: мне душно, мне тяжко дышать».

25   Ездок **оробелый** не скачет, летит;   scared
Младенец тоскует, младенец кричит;
Ездок погоняет, ездок доскакал...
В руках его мёртвый младенец лежал.

1818

30   **ПЕСНЯ**

  Минувших дней очарованье,
Зачем опять воскресло ты?
Кто разбудил воспоминанье
И замолчавшие мечты?
35   Шепнул душе привет бывалой;
Душе блеснул знакомый взор;
И зримо ей **минуту** стало   for an instant
Незримое с давнишних пор.

О милый гость, святое *Прежде*,
Зачем в мою теснишься грудь?
Могу ль сказать «*живи*» надежде?
Скажу ль тому, что было: «*будь*»?
5   Могу ль узреть во блеске новом   to see
Мечты увядшей красоту?
Могу ль опять одеть покровом
Знакомой жизни наготу?   nakedness

Зачем душа в тот край стремится,
10 Где были дни, каких уж нет?
Пустынный край не населится,
Не узрит он минувших лет;
Там есть *один* жилец безгласный,
Свидетель милой старины;
15 Там вместе с ним все дни прекрасны
В единый гроб положены.

                                        1818

НЕВЫРАЗИМОЕ
(Отрывок)

20 Что наш язык земной пред дивною природой?
С какой небрежною и лёгкою свободой
Она рассыпала повсюду красоту
И разновидное с единством согласила!
Но где, какая кисть её изобразила?
25 Едва-едва одну её черту
С усилием поймать удастся вдохновенью...
Но **льзя** ли в мёртвое живое передать?   possible
Кто мог создание в словах пересоздать?
Невыразимое подвластно ль выраженью?..
30 Святые таинства, лишь сердце знает вас.
Не часто ли в величественный час
Вечернего земли преображенья,
Когда душа **смятенная** полна   perturbed
Пророчеством великого виденья
35 И в беспредельное унесена, —
Спирается в груди болезненное чувство,   presses
Хотим прекрасное в полёте удержать,
Ненаречённому хотим названье дать —   nameless
И обессиленно безмолвствует искусство?
40 Что видимо очам — **сей** пламень облаков,   this
По небу тихому летящих,
Сие дрожанье вод блестящих,   this

Сии карти́ны берего́в   these
В пожа́ре пы́шного зака́та —
Сии столь я́ркие черты́
Легко́ их ло́вит мысль крыла́та,
И есть слова́ для их блестя́щей красоты́.
Но то, что сли́то с сей блестя́щей красото́ю —
Сие́ столь сму́тное, волну́ющее нас,
Сей **вне́млемый** одно́й душо́ю   heard
Обворожа́ющего глас,   enchanting voice
Сие́ к далёкому стремле́нье,
Сей **минова́вшего** приве́т   of the past
(Как прилете́вшее внеза́пно дунове́нье
От лу́га ро́дины, где был когда́-то **цвет**,   bloom
Свята́я мо́лодость; где жи́ло **упова́нье**),   hope
Сие́ шепну́вшее душе́ воспомина́нье
О ми́лом, ра́достном и ско́рбном старины́,
Сия́ сходя́щая святы́ня с вышины́,
Сие́ прису́тствие Созда́теля в созда́ньи —
Како́й для них язы́к?.. **Горе́** душа́ лети́т.   upward
Всё необъя́тное в еди́ный вздох **тесни́т**,   squeezes
И лишь молча́ние поня́тно говори́т.

1819

ВОСПОМИНА́НИЕ

О ми́лых спу́тниках, кото́рые наш **свет**   world
Свои́м сопу́тствием для нас **животвори́ли,** enlivened
Не говори́ с тоско́й: их *нет,*
Но с благода́рностию: *бы́ли.*

1821

МО́РЕ
Эле́гия

Безмо́лвное мо́ре, лазу́рное мо́ре,
Стою́ очаро́ван над бе́здной твое́й.
Ты жи́во; ты ды́шишь; смяте́нной любо́вью,
Трево́жною ду́мой напо́лнено ты.
Безмо́лвное мо́ре, лазу́рное мо́ре,
Откро́й мне глубо́кую та́йну твою́.
Что дви́жет твоё необъя́тное ло́но?
Чем ды́шит твоя́ напряжённая грудь?
Иль тя́нет тебя́ из земны́я нево́ли
Далёкое, све́тлое не́бо к себе́?
Таи́нственной, сла́достной по́лное жи́зни,
Ты чи́сто в прису́тствии чи́стом его́:

Ты льёшься его **светозарной** лазурью,   shining
Вечерним и утренним светом горишь,
Ласкаешь его облака золотые
И радостно блещешь звездами его.
5   Когда же **сбираются** тёмные тучи,   gather
Чтоб ясное небо отнять у тебя —
Ты бьёшься, ты воешь, ты волны подъемлешь,
Ты рвёшь и терзаешь враждебную мглу...
И мгла исчезает, и тучи уходят,
10   Но, полное прошлой тревоги своей,
Ты долго вздымаешь испуганны волны,
И сладостный блеск возвращённых небес
Не вовсе тебе тишину возвращает;
Обманчив твоей неподвижности вид:
15   Ты в бездне покойной скрываешь смятенье,
Ты, небом любуясь, дрожишь за него.

                            1822

        ✽   ✽   ✽

Я Музу юную, бывало,
20   Встречал в **подлунной** стороне,   sublunar
И Вдохновение летало
С небес, незваное, ко мне;
На всё земное наводило
Животворящий луч оно —   life-giving
25   И для меня в то время было
Жизнь и Поэзия одно.

Но дарователь песнопений
Меня давно не посещал;
Бывалых нет в душе видений,   past
30   И голос арфы замолчал.
Его желанного возврата
Дождаться ль мне когда опять?
Или навек моя утрата
И вечно арфе не звучать?

35   Но всё, что от времён прекрасных,
Когда он мне доступен был,
Всё, что от милых тёмных, ясных
Минувших дней я сохранил —
Цветы мечты уединённой
40   И жизни лучшие цветы —

Кладу́ на твой алта́рь свяще́нный,
О Ге́ний* чи́стой красоты́!

Не зна́ю, све́тлых вдохнове́ний
Когда́ воро́тится **чреда́**, —   succession
5   Но ты знако́м мне, чи́стый Ге́ний!
И све́тит мне твоя́ звезда́!
Пока́ ещё её сия́нье
Душа́ уме́ет различа́ть:
Не у́мерло очарова́нье!
10   Было́е сбу́дется опя́ть.

                              1822-1824

* * *

Он лежа́л без движе́нья, как бу́дто по тя́жкой рабо́те
Ру́ки свои́ опусти́в. Го́лову ти́хо склоня́,
15   До́лго стоя́л я над ним, оди́н, смотря́ со внима́ньем
Мёртвому пря́мо в глаза́; бы́ли закры́ты глаза́,

Бы́ло лицо́ его́ так мне знако́мо, и бы́ло заме́тно,
Что выража́лось на нём, — в жи́зни тако́го
Мы не вида́ли на э́том лице́. Не горе́л вдохнове́нья
20   Пла́мень на нём; не сия́л о́стрый ум;
Нет! Но како́ю-то мы́слью, глубо́кой, высо́кою мы́слью
Бы́ло объя́то оно́: мни́лось мне, что ему́   seemed
В э́тот миг предстоя́ло как бу́дто како́е виде́нье,
Что́-то сбыва́лось над ним, и спроси́ть мне хоте́лось:
25   «Что ви́дишь?»
                                    1837

НОЧНО́Й СМОТР

В двена́дцать часо́в по ноча́м
Из гро́ба встаёт бараба́нщик;
30   И хо́дит он взад и вперёд,
И бьёт он прово́рно трево́гу.
И в тёмных гроба́х бараба́н
Могу́чую бу́дит пехо́ту:
Встаю́т молодцы́ егеря́,
35   Встаю́т старики́ **гренаде́ры**,   grenadiers
Встаю́т из-под ру́сских снего́в,
С роско́шных поле́й италийских,
Встаю́т с африка́нских степе́й,
С **горю́чих** песко́в Палести́ны.   burning

---

40   * Genius — in Roman mythology, god who personified the internal
abilities of man; guardian spirit.

В двенадцать часов по ночам
Выходит трубач из могилы;
И скачет он взад и вперёд,
И громко трубит он тревогу.
5 И в тёмных могилах труба
Могучую конницу будит:
Седые **гусары** встают,   hussars
Встают **усачи кирасиры**;   moustached
И с севера, с юга летят,   ʹcuirassiers
10 С востока и с запада мчатся
На лёгких воздушных конях
Один за другим **эскадроны**.   squadrons

В двенадцать часов по ночам
Из гроба встаёт полководец;
15 На нём сверх мундира **сюртук**;   frock-coat
Он с маленькой шляпой и шпагой;
На старом коне боевом
Он медленно едет по **фрунту**:   formation
И маршалы едут за ним,
20 И едут за ним адъютанты;
И армия честь отдаёт.
Становится он перед нею;
И с музыкой мимо его
Проходят полки за полками.

25 И всех генералов своих
Потом он в кружок собирает,
И ближнему на ухо сам
Он шепчет пароль свой и лозунг:
И *Франция* — тот их пароль,
30 Тот лозунг — *Святая Елена.**
Так к старым солдатам своим
На смотр генеральный из гроба
В двенадцать часов по ночам
Встаёт император ус**опший**.   dead

35   *1850*

---

* A reference to St. Helena island, the place of Napoleon's exile.

Константин Николаевич Батюшков

(1785-1855)

1787 — родился в старинной дворянской семье, племянник поэта М.Н. Муравьёва. Получил образование в частных французских и итальянских школах в Ст.-Петербурге. По окончанию образования сначала служил в министерстве просвещения, затем поступил на военную службу. Участвовал в войне против Наполеона. По возвращении из Парижа вернулся в Москву и присоединился к литературному кружку «Арзамас». Служба в Публичной библиотеке.

1805 — вступление в «Общество любителей русской словесности, наук и художеств».

1809 — написана сатира «Видение на берегах Леты»

1810 — элегия «Привидение. Из Парни».

1811-1812 — послание «Мои пенаты», очерк «Прогулка по Москве».

1813 — элегия «К Дашкову».

1814-1815 — басни, стихотворная сказка «Странствователь и домосед», очерк «Прогулка в Академию художеств».

1815 — элегии «Надежда», «Мой гений», «Таврида», «К другу».

1815 — статьи «Нечто о поэте и поэзии», «Ариост и Тасс», «Петрарка», «О лучших свойствах сердца», «Нечто о морали, основанной на философии и религии».

1816 — статья «Речь о влиянии лёгкой поэзии на язык».

1817 — выход сборника «Опыты в стихах и прозе».

1817-1818 — цикл антологических стихов «Из греческой антологии», статья «Беседка муз».

1821 — цикл антологических стихов «Подражания древним».

1821 — философская лирика («Ты знаешь, что изрёк...» и др.).

1822 — душевная болезнь, начавшаяся ещё со дня вступления войск Наполеона в Москву, полностью овладела поэтом и не отпускала его до конца дней. Умер в 1855 г.

ВЫЗДОРОВЛЕ́НИЕ

Как ла́ндыш под серпо́м уби́йственным жнеца́   lily of the
   Склоня́ет го́лову и вя́нет,   'valley
Так я в боле́зни ждал **безвре́менно** конца́   before time
5   И ду́мал: Па́рки* час наста́нет.
Уж о́чи покрыва́л Эре́ба** мрак густо́й,
   Уж се́рдце ме́дленнее би́лось:
Я вя́нул, исчеза́л, и жи́зни молодо́й,
   Каза́лось, со́лнце закати́лось.
10   Но ты прибли́зилась, о жизнь души́ мое́й,
   И а́лых уст твои́х дыха́нье,
И слёзы пла́менем сверка́ющих оче́й,
   И поцелу́ев сочета́нье,
И вздо́хи стра́стные, и си́ла ми́лых слов
15   Меня́ из о́бласти печа́ли —
От О́рковых*** поле́й, от Ле́ты**** берего́в —
   Для сладостра́стия призва́ли.
Ты сно́ва жизнь даёшь; она́ твой дар **благо́й**,   happy
   Тобо́й дыша́ть до гро́ба ста́ну.
20   Мне сла́док бу́дет час и му́ки роково́й:
   Я от любви́ тепе́рь увя́ну.

1807

МОЙ ПЕНА́ТЫ
Посла́ние к Жуко́вскому и Вя́земскому
25   **(Отры́вки)**

Оте́чески Пена́ты,*****
О пе́стуны мои́!   mentors
Вы зла́том не бога́ты,
Но лю́бите свои
30   Норы́ и тёмны ке́льи,   cells
Где вас на новосе́льи
Смире́нно здесь и там

---

* Parcae — goddesses of destiny in Roman mythology.

**Erebus — in Greek mythology, a personification of the underground
35 darkness.

*** Possessive adjective of Orcus (Pluto, Hades) — the god of death; also
a kingdom of the dead in Roman mythology.

**** Lethe — in Greek mythology, the river of oblivion and death.

***** Penates — in Roman mythology, gods who protects home and
40 family.

Расста́вил по угла́м;
Где стра́нник я бездо́мный,
Всегда́ в жела́ньях скро́мный,
Сыска́л себе́ прию́т.   found
5   О бо́ги! бу́дьте тут
Досту́пны, благоскло́нны!
Не ви́на **благово́нны,**   fragrant
Не **ту́чный фимиа́м**   here: loud praise
Поэ́т прино́сит вам,
10 Но слёзы умиле́нья,
Но се́рдца ти́хий жар
И сла́дки песнопе́нья,
Боги́нь Перме́сских* дар!
О Ла́ры!** уживи́тесь
15 В **оби́тели** мое́й,   abode
Поэ́ту улыбни́тесь —
И бу́дет сча́стлив в ней!..
В **сей хи́жине** убо́гой   this hut
Стои́т пере́д окно́м
20 Стол ве́тхий и трено́гий
С изо́рванным сукно́м.
В углу́, свиде́тель сла́вы
И суеты́ **мирско́й,**   worldly
Виси́т **полузаржа́вый**   half-rusty
25 Меч пра́дедов тупо́й;
Здесь кни́ги **выписны́е,**   ordered by mail
Там жёсткая посте́ль —
Всё у́твари просты́е,
Всё ру́хлая скуде́ль!   old clay, dust
30 Скуде́ль!.. Но мне доро́же,
Чем ба́рхатное ло́же
И ва́зы богаче́й!..

Оте́ческие боги!
Да к хи́жине мое́й
35 Не сы́щет **ввек** доро́ги   ever
Бога́тство с суето́й,
С наёмною душо́й
Развра́тные счастли́вцы,
Придво́рные дру́зья

---

* Permessus — a river sacred to Apollo and Muses.

40 ** Lares — in Roman mythology, souls of ancestors, protectors of
domestic hearth.

И бле́дны **горделивцы**,   arrogant men
Наду́тые кня́зья!   haughty
Но ты, о мой убо́гой
Кале́ка и слепо́й,
5   Идя́ путём-доро́гой
С смире́нною **клюко́й**, —   walking stick
Ты сме́ло постучи́ся,
О во́ин, у меня́
Войди́ и обсуши́ся
10   У я́ркого огня́.

О ста́рец, **убелённый**   gray-haired
Года́ми и трудо́м,
Трикра́ты уязвлённый   thrice wounded
На при́ступе штыко́м!   in assault
15   Двустру́нной балала́йкой
Похо́ды прозвени́   play about campaigns
Про **ви́тязя** с нага́йкой,   knight
Что в жу́пел* и огни́
Лета́л пере́д полка́ми
20   Как ви́хорь на поля́х,
И вкруг его́ ряда́ми
Враги́ ложи́лись в прах!..
И ты, моя́ Лиле́та,
В смире́нный уголо́к
25   Приди́ под вечеро́к
Тайко́м переоде́та!
Под шля́пою мужско́й
И ку́дри золоты́е,
И **о́чи** голубы́е,   eyes
30   Преле́стница, **сокро́й!**   hide
Наки́нь мой плащ широ́кой,
Мечо́м вооружи́сь
И в по́лночи глубо́кой
Внеза́пно постучи́сь...
35   Вошла́ — наря́д вое́нный
Упа́л к её нога́м,
И ку́дри распуще́нны
Взвева́ют по плеча́м,   are scattered
И грудь её откры́лась
40   С **лиле́йной** белизно́й: lily-like
Волше́бница яви́лась

---

* Here, burning tar, image of hell.

Пасту́шкой пре́до мной!
И вот с улы́бкой не́жной
Сади́тся у огня́,
Руко́ю белосне́жной
5   Склони́вшись на меня́,
И а́лыми уста́ми,   lips
Как ве́тер меж листа́ми,
Мне ше́пчет: «Я твоя́,
Твоя́, мой друг серде́чный!..»
10   Блаже́н в сени́ беспе́чной,   сень — shadow
Кто ми́лою свое́й,
Под кро́вом от нена́стья,   shelter
На ло́же сладостра́стья
До у́тренних луче́й
15   Споко́йно облада́ет,
Споко́йно засыпа́ет
Близ дру́га сла́дким сном!..

Уже́ поту́хли звёзды
В сия́нии дневно́м,
20   И пта́шки тёплы гнёзды,   little birds
Что сви́ты под окно́м,   are nested
Щебе́ча, покида́ют
И не́гу отряса́ют   comfort
Со кры́лышек свои́х;
25   Зефи́р* листы́ колы́шет,
И всё любо́вью ды́шет
Среди́ поле́й мои́х;
Всё с у́тром ожива́ет,
А Ли́ла почива́ет
30   На ло́же из цвето́в...
И ве́тер тихове́йный   light breeze
С груди́ её лиле́йной
Сдул ды́мчатый покро́в...
И в ло́коны златы́е
35   Две ро́зы молоды́е
С нарци́ссами вплели́сь;
Сквозь то́нкие прегра́ды
Нога́, ища́ прохла́ды,
Скользи́т по ло́жу вниз...
40   Я Ли́лы пью дыха́нье
На пла́менных уста́х,

---

* Zephyr -- light Western wind that brings coolness.

Как роз благоуха́нье,
Как не́ктар на пира́х!..
Поко́йся, друг преле́стный,
В объя́тиях мои́х!
5 Пуска́й в стране́ безве́стной,
В тени́ лесо́в густы́х,
Боги́нею слепо́ю
Забы́т я **от пеле́н**,   from the craddle
Но дру́жбой и тобо́ю
10 С избы́тком награжде́н!
Мой век споко́ен, я́сен;
В **убо́жестве** с тобо́й   poverty
Мне мил шала́ш просто́й,
Без **зла́та** мил и кра́сен   gold
15 Лишь пре́лестью твое́й!
. . . .
. . . .

Друзья́ мои́ серде́чны!
Приди́те в час беспе́чный
20 Мой до́мик навести́ть —
Поспо́рить и попи́ть!
Сложи́ печа́лей бре́мя,   take off
Ж‹уко́вский› до́брый мой!
Стрело́ю мчи́тся вре́мя,
25 Весе́лие стрело́й!
Позво́ль же дру́жбе слёзы
И го́ресть услади́ть
И сча́стья **бле́клы** ро́зы   pale
Эро́там оживи́ть.   gods of love
30 О В‹я́земский›! цвета́ми
Друзе́й твои́х венча́й.
Дар Ва́кха* пере́д на́ми
Вот ку́бок — налива́й!
. . . .
35 . . . .

Пока́ бежи́т за на́ми
Бог вре́мени седо́й
И гу́бит луг с цвета́ми
Безжа́лостной косо́й,

---

* Bacchus (Dionysus) — ancient Greek god of wine and joy.
40

Мой друг! скоре́й за сча́стьем
В путь жи́зни полети́м;
Упьёмся сладостра́стьем   let's revel in
И смерть опереди́м;
5   Сорвём цветы́ укра́дкой
Под ле́звием косы́
И ле́нью жи́зни кра́ткой
Продли́м, продли́м часы́!
Когда́ же Па́рки* то́щи   skinny
10   Нить жи́зни допряду́т
И нас в оби́тель **но́щи**   night
Ко пра́дедам снесу́т, —
Това́рищи любе́зны!
Не се́туйте о нас,
15   К чему́ рыда́нья сле́зны,
Наёмных ли́ков глас?   hired mourners cries
К чему́ **сии куре́нья,**   this incense
И ко́локола вой,
И **то́мны псалмопе́нья**   languid psalm-singing
20   Над хла́дною доско́й?
К чему́?.. Но вы толпа́ми
При ме́сячных луча́х   moon light
Собери́тесь и цвета́ми
Усе́йте ми́рный прах;
25   Иль бро́сьте на гробни́цы
Бого́в дома́шних лик,
Две ча́ши, две **цевни́цы**   reed-pipe
С листа́ми **повили́к;**   dodder
И пу́тник угада́ет
30   Без на́дписей златы́х,
Что прах тут **почива́ет**   rests
Счастли́вцев молоды́х!

                                         1811-1812

РАЗЛУ́КА

35   Гуса́р, на са́блю опира́ясь,
В глубо́кой го́рести стоя́л;
Надо́лго с ми́лой разлуча́ясь,
Вздыха́я, он сказа́л:

---

* See footnote on p. 18.

«Не плачь, краса́вица! Слеза́ми
Кручи́не злой не **пособи́ть!** sorrow; help
Кляну́ся че́стью и уса́ми
  Любви́ не измени́ть!

5 Любви́ непобеди́ма си́ла!
Она́ мой ве́рный щит в войне́;
Була́т в руке́, а в се́рдце Ли́ла, — sword
  Чего́ страши́ться мне?

Не плачь, краса́вица! Слеза́ми
10 Кручи́не злой не пособи́ть!
А е́сли изменю́... уса́ми
  Кляну́сь нака́зан быть!

Тогда́ мой ве́рный конь споткни́ся,
Летя́ во **вра́жий стан** стрело́й, enemy's camp
15 Узде́чка **бра́нная** порви́ся martial
  И стре́мя под ного́й!

Пуска́й була́т в руке́ с разма́ха
Изло́мится, как прут гнило́й,
И я, бледне́я весь от стра́ха,
20 Явлю́сь пере́д тобо́й!»

Но ве́рный конь не спотыка́лся
Под на́шим вса́дником лихи́м,
Була́т в боя́х не излома́лся, —
  И честь гуса́ра с ним!

25 А он забы́л любо́вь и слёзы
Свое́й пасту́шки дорого́й
И рвал в **чужби́не** сча́стья ро́зы foreign land
  С краса́вицей друго́й.

Но что же сде́лала пасту́шка?
30 Друго́му се́рдце отдала́.
Любо́вь краса́вицы — игру́шка,
  А кля́твы их — слова́!

Всё здесь, друзья́, изме́ной ды́шит,
Тепе́рь нет ве́рности нигде́!
35 Аму́р, смея́сь, все кля́твы пи́шет
  Стрело́ю на воде́.

        1812–1813

ТАВРИДА*

Друг ми́лый, а́нгел мой! сокро́емся туда́,   hide
Где во́лны кро́ткие Таври́ду омыва́ют
И Фе́бовы** лучи́ с любо́вью озаря́ют
Им дре́вней Гре́ции свяще́нные места́.
    Мы там, отве́рженные ро́ком,
Равны́ несча́стием, любо́вию равны́,
Под не́бом сла́достным полу́денной страны́
Забу́дем слёзы лить о жре́бии жесто́ком;
Забу́дем имена́ Форту́ны*** и честе́й.   honors
В прохла́де я́сеней, шумя́щих над луга́ми,   ash-trees
Где ко́ни ди́кие стремя́тся табуна́ми
На шум студёных струй, кипя́щих под землёй,
Где пу́тник с ра́достью от зно́я отдыха́ет
Под го́вором древе́с, пусты́нных птиц и вод, —   trees
Там, там нас хи́жина проста́я ожида́ет,
Дома́шний ключ, цветы́ и се́льский огоро́д.   spring
После́дние дары́ Форту́ны благоскло́нной,
Вас пла́менны сердца́ приве́тствуют стокра́т!
Вы кра́ше для любви́ и мра́морных пала́т   palaces
    Пальми́ры Се́вера**** огро́мной!
Весна́ ли кра́сная блиста́ет средь поле́й,
Иль ле́то зно́йное пали́т иссо́хши зла́ки,   dried
Иль, у́рну хла́дную враща́я, Водоле́й
Вали́т шумя́щий дождь, седо́й тума́н и мра́ки, —
О ра́дость! Ты со мной встреча́ешь со́лнца свет
И, ло́же сча́стия с денни́цей покида́я,   dawn
Румя́на и свежа́, как ро́за полева́я,
Со мно́ю де́лишь труд, забо́ты и обе́д.
Со мной в час ве́чера, под кро́вом ти́хой но́чи
Со мной, всегда́ со мной; твои́ преле́стны о́чи
Я ви́жу, го́лос твой я слы́шу, и рука́
    В твое́й поко́ится всеча́сно.   always
Я с жа́ждою ловлю́ дыха́нье сладостра́стно
    Румя́ных уст, и е́сли хоть слегка́
Лета́ющий Зефи́р власы́ твои́ разве́ет   hair
И взо́ру обнажи́т снега́м подо́бну грудь,

---

    * Taurus — ancient Greek name of Crimea.

    ** Phoebus — epithet of Apollo, thought to mean "shining," god of light, poetry and music in ancient mythology.

    *** Fortune — the goddess of good luck in Ancient mythology.

    **** Paraphrase of St. Petersburg. Palmyra — an ancient Greek-Roman-Syrian city, served as an outpost.

Твой друг не сме́ет и вздохну́ть:
Потупя́ взор, диви́тся и неме́ет.

1815

МОЙ ГЕ́НИЙ*

5　О, па́мять се́рдца! Ты сильне́й
Рассу́дка па́мяти печа́льной
И ча́сто сла́достью свое́й
Меня́ в стране́ пленя́ешь да́льной.
Я по́мню го́лос ми́лых слов,
10　Я по́мню о́чи голубы́е,
Я по́мню ло́коны златы́е
Небре́жно вью́щихся **власо́в**.　　　　　hair
Мое́й пасту́шки **несравне́нной**　　incomparable
Я по́мню весь наря́д просто́й,
15　И о́браз ми́лой, **незабве́нной**　　unforgettable
Повсю́ду стра́нствует со мной.
Храни́тель Ге́ний мой — любо́вью
В **уте́ху** дан разлу́ке он:　　　　　comfort
Засну́ ль? прини́кнет к изголо́вью
20　И услади́т печа́льный сон.

1815

*　*　*

Есть наслажде́ние и в ди́кости лесо́в,
Есть ра́дость **на примо́рском бре́ге**,　at the seaside
25　И есть гармо́ния в сём го́воре вало́в,
Дробя́щихся в пусты́нном бе́ге.
Я бли́жнего люблю́, но ты, приро́да-мать,
Для се́рдца ты всего́ доро́же!
С тобо́й, влады́чица, привы́к я забыва́ть
30　И то, чем был, как был моло́же,
И то, чем стал под хо́лодом годо́в.
Тобо́ю в чу́вствах ожива́ю:
Их вы́разить душа́ не зна́ет **стро́йных** слов,　[here:]
И как молча́ть о них — не зна́ю.　　　　exact
35　　　　　　　　　　　　　　　　　*1819*

---

* See footnote on p. 15.

Александр Сергеевич Пушкин

(1799-1837)

1799 — родился в старинной дворянской семье. По материнской линии родство восходит к пленному абиссинцу, который был подарен Петру Первому в качестве слуги и впоследствии дослужился до чина генерала.

1812-1817 — годы учёбы в Царскосельском лицее. Начало творческой деятельности. Ода «Воспоминание о Царском селе»; ода «Вольность».

1820 — поэма «Руслан и Людмила». За «вольнодумные стихи» сослан на юг.

1820-1824 — годы ссылки в Кишинёве и Одессе. Написаны «южные» поэмы: «Кавказский пленник» (1820-21), «Братья-разбойники» (1821-22), «Бахчисарайский фонтан» (1821-23), «Цыгане» (1824). Начал работу над «Евгением Онегиным».

1824-1826 — годы ссылки в селе Михайловском. Написаны «Граф Нулин», «Борис Годунов». Возвращен из ссылки взошедшим на престол императором Николаем Первым.

1827-1828 — годы работы над романом «Арап Петра Великого». Написана поэма «Полтава».

1829 — поездка на Кавказ, на театр военных действий между русскими и турками.

1830 — написаны «Повести Белкина», поэма «Домик в Коломне», сказка «О попе и его работнике Балде». Созданы «маленькие трагедии»: «Скупой рыцарь», «Моцарт и Сальери», «Каменный гость», «Пир во время чумы».

1831 — брак с Натальей Николаевной Гончаровой.

1832-1833 — написаны «Дубровский», «Медный всадник» и «Пиковая дама». Завершена работа над «Евгением Онегиным».

1831-1834 — написаны «Сказка о царе Салтане», «Сказка о рыбаке и рыбке», «Сказка о мёртвой царевне и семи богатырях», «Сказка о Золотом петушке».

1834-1836 — написаны роман «Капитанская дочка» и документально-историческое исследование «История Пугачёвского бунта». Начинает выпускать журнал «Современник».

1837, январь — скончался от раны, полученной на дуэли с приёмным сыном голландского посла, Жоржем Дантесом.

А. С. Пушкин

ВÓЛЬНОСТЬ
Óда

Беги́, сокро́йся от оче́й,   eyes
Ците́ры* сла́бая цари́ца!
5   Где ты, где ты, гроза́ царе́й,
Свобо́ды го́рдая певи́ца?
Приди́, сорви́ с меня́ вено́к,
Разбе́й изне́женную ли́ру...   lyre
Хочу́ воспе́ть свобо́ду ми́ру,
10   На тро́нах порази́ть поро́к.

Откро́й мне благоро́дный след
Того́ возвы́шенного га́лла,**
Кому́ сама́ средь сла́вных бед
Ты ги́мны сме́лые внуша́ла.
15   Пито́мцы ве́треной судьбы́,   unstable
Тира́ны ми́ра! трепещи́те!
А вы, мужа́йтесь и внемли́те,   listen
Восста́ньте, па́дшие рабы́!

Увы́! куда́ ни бро́шу взор —
20   Везде́ бичи́, везде́ желе́зы,   chains
Зако́нов ги́бельный позо́р,
Нево́ли не́мощные слёзы;
Везде́ непра́ведная власть
В сгущённой мгле предрассужде́ний prejudices
25   Воссе́ла — ра́бства гро́зный ге́ний***
И сла́вы роково́я страсть.

Лишь там над ца́рскою главо́й
Наро́дов не легло́ страда́нье,
Где кре́пко с во́льностью свято́й
30   Зако́нов мо́щных сочета́нье;
Где всем простёрт их твёрдый щит, is extended
Где сжа́тый ве́рными рука́ми
Гражда́н над ра́вными глава́ми   heads
Их меч без вы́бора скользи́т

---

35   * Cythera — same as Venus, goddess of love and beauty.
    ** Here, Pushkin alludes most likely to French poet Ponce-Denis Echouard Lebrun (1729-1807).
    *** See footnote on p. 15.

И преступленье свысока
Сражает праведным размахом;
Где не подкупна их рука
Ни алчной скупостью, ни страхом. avaricious
Владыки! вам **венец** и трон crown
Даёт закон — а не природа;
Стойте выше вы народа,
Но вечный выше вас закон.

И горе, горе племенам,
Где дремлет он неосторожно,
Где иль народу, иль царям
Законом властвовать возможно!
Тебя в свидетели зову,
О мученик ошибок славных,
За предков в шуме бурь недавних
Сложивший царскую главу.*

Восходит к смерти Людовик
В виду безмолвного потомства,
Главой развенчанной приник
К кровавой плахе вероломства.
Молчит закон — народ молчит,
Падёт преступная **секира**... pole-axe
И се — злодейская **порфира** this; purple robe
На галлах скованных лежит. Frenchmen

Самовластительный злодей! autocratic
Тебя, твой трон я ненавижу,
Твою погибель, смерть детей
С жестокой радостию вижу.
Читают на твоём **челе** forehead
Печать проклятия народы,
Ты ужас мира, стыд природы,
Упрёк ты Богу на земле.

Когда на мрачную Неву
Звезда полуночи сверкает
И беззаботную главу
Спокойный сон отягощает,

---

* Pushkin alludes to French king Luis XVI who was beheaded by French revolutionaries in 1793.

** Pushkin alludes to Napoleon.

Глядит задумчивый певец
На грозно спящий средь тумана
Пустынный памятник тирана,
Забвенью брошенный дворец* —

И слышит Клии** страшный глас   voice
За сими страшными стенами,   these
Калигулы*** последний час
Он видит живо пред очами,   eyes
Он видит — в лентах и звездах,
Вином и злобой упоённы,
Идут убийцы потаённы,
На лицах дерзость, в сердце страх.****

Молчит **неверный часовой**,   disloyal guard
Опущен молча мост подъёмный,
Врата отверсты в тьме ночной   gates are open
Рукой предательства наёмной...
О стыд! о ужас наших дней!
Как звери, вторглись янычары!..*****
Падут бесславные удары...
Погиб увенчанный злодей.

И **днесь** учитесь, о цари: today, now
Ни наказанья, ни награды,
Ни **кров темниц**, ни алтари   refuge of prisons
Не верные для вас ограды.
Склонитесь первые главой
Под сень надёжную закона,   under protection of
И станут вечной стражей трона
Народов вольность и покой.

1817

---

* Here, Pushkin refers to Mikhailovsky Castle in St.-Petersburg where Paul I was murdered in 1801.

** Clio — in ancient Greek mythology, Muse of History.

*** Caligula — vicious and mentally unstable Roman emperor who terrorized his subjects, until he was assassinated.

**** Pushkin refers to assassins of Russian tsar Paul I.

***** Janissary — elite soldiers in Turkey who often took part in court conspiracies and overthrowing of sultans; in poetry this image is often used as a symbol of mercilessness and ruthlessness.

К ЧААДА́ЕВУ

Любви́, наде́жды, ти́хой сла́вы
Недо́лго не́жил нас обма́н,
Исче́зли ю́ные заба́вы,
Как сон, как у́тренний тума́н;
5   Но в нас гори́т ещё жела́нье,
Под гнётом вла́сти роково́й
Нетерпели́вою душо́й
Отчи́зны вне́млем призыва́нье.   fatherland
Мы ждём с томле́ньем **упова́нья**   hope
10   Мину́ты во́льности свято́й,
Как ждёт любо́вник молодо́й
Мину́ты ве́рного свида́нья.
Пока́ свобо́дою гори́м,
Пока́ сердца́ для че́сти жи́вы,
15   Мой друг, отчи́зне посвяти́м
Души́ прекра́сные поры́вы!
Това́рищ, верь, взойдёт она́,
Звезда́ плени́тельного сча́стья,
Росси́я **вспря́нет** ото́ сна,   wake up
20   И на обло́мках **самовла́стья**   absolute power
Напи́шут на́ши имена́!

1818

У́ЗНИК

25   Сижу́ за решёткой в темни́це сыро́й,
Вскормлённый в нево́ле орёл молодо́й.   reared
Мой гру́стный това́рищ, маха́я крыло́м,
Крова́вую пи́щу **клюёт** под окно́м.   peck

Клюёт и броса́ет, и смо́трит в окно́,
30   Как бу́дто со мно́ю заду́мал одно́;
Зовёт меня́ взгля́дом и кри́ком свои́м
И вы́молвить хо́чет: «Дава́й улети́м!

Мы во́льные пти́цы; пора́, брат, пора́!
Туда́, где за ту́чей беле́ет гора́,
35   Туда́, где сине́ют **морски́е края́**,   seas
Туда́, где гуля́ем лишь ве́тер... да я!..»

1822

* * *

«Изыде сеятель сеяти семена своя»

Лука, 8:5*

Свободы сеятель пустынный,   lonely
5   Я вышел рано, до звезды;   before dawn
Рукою чистой и безвинной
В порабощённые бразды   furrows
Бросал живительное семя —   enlivening
Но потерял я только время,
10 Благие мысли и труды...

Паситесь, мирные народы!
Вас не разбудит чести клич.
К чему стадам дары свободы?
Их должно резать или стричь.
15 Наследство их из рода в роды
Ярмо с гремушками да бич.   yoke with bells
1823

* * *

Надеждой сладостной младенчески дыша,
20 Когда бы верил я, что некогда душа,   sometimes
От тленья убежав, уносит мысли вечны,   escaping decay
И память, и любовь в пучины бесконечны, —   depths
Клянусь! давно бы я оставил этот мир:
Я сокрушил бы жизнь, уродливый кумир,   idol
25 И улетел в страну свободы, наслаждений,
В страну, где смерти нет, где нет предрассуждений,
Где мысль одна плывёт в небесной чистоте... 'prejudice

Но тщетно предаюсь обманчивой мечте;
Мой ум упорствует, надежду презирает...
30 Ничтожество меня за гробом ожидает...   nothingness
Как, ничего! Ни мысль, ни первая любовь!
Мне страшно!.. И на жизнь гляжу печален вновь,
И долго жить хочу, чтоб долго образ милый
Тайлся и пылал в душе моей унылой.   would lurk
35   1823

---

* "A sower went out to sow his seed." Luke, 8:5.

ДЕ́МОН

В те дни, когда́ мне бы́ли но́вы
Все впечатле́нья бытия́ —
И взо́ры дев, и шум дубро́вы,   leafy grove
5   И но́чью пе́нье соловья́, —
Когда́ возвы́шенные чу́вства,
Свобо́да, сла́ва и любо́вь
И вдохнове́нные иску́сства
Так си́льно волнова́ли кровь,
10 Часы́ наде́жд и наслажде́ний
Тоско́й внеза́пной осеня́,   overshadowing
Тогда́ како́й-то зло́бный ге́ний
Стал та́йно навеща́ть меня́.
Печа́льны бы́ли на́ши встре́чи:
15 Его́ улы́бка, **чу́дный** взгляд,   here: strange
Его́ язви́тельные ре́чи
Влива́ли в ду́шу хла́дный яд.
Неистощи́мой клевето́ю   inexhaustible
Он **провиде́нье** искуша́л;   Providence
20 Он звал прекра́сное мечто́ю;
Он вдохнове́нье презира́л;
Не ве́рил он любви́, свобо́де;
На жизнь насме́шливо гляде́л —
И ничего́ во всей приро́де
25 Благослови́ть он не хоте́л.

                    1823

ТЕЛЕ́ГА ЖИ́ЗНИ

Хоть тяжело́ **подча́с** в ней бре́мя,   sometimes
Теле́га **на ходу́ легка́**;   goes easy
30 **Ямщи́к** лихо́й, седо́е вре́мя,   coachman
Везёт, не сле́зет с **облучка́**.   coachman's seat

С утра́ сади́мся мы в теле́гу;
Мы ра́ды го́лову слома́ть
И, презира́я лень и **не́гу**,   pleasure
35 Кричи́м: пошёл!.. ⟨така́я мать!⟩*

Но в по́лдень нет уж той отва́ги;
Порастрясло́ нас; нам страшне́й   we were shaken
И **косого́ры** и овра́ги;   hill-sides
Кричи́м: поле́гче, дурале́й!

---

40 * Euphemism of the most popular Russian curse.

Катит по-прежнему телега,
Под вечер мы привыкли к ней
И **дремля** едем до ночлега,   dozing
А время гонит лошадей.

5   *1823*

К МОРЮ

Прощай, свободная стихия!
В последний раз передо мной
Ты катишь волны голубые
10 И блещешь гордою красой.

Как друга **ропот** заунывный,   grumble
Как зов его в прощальный час,
Твой грустный шум, твой шум призывный
Услышал я в последний раз.

15 Моей души предел желанный!
Как часто по **брегам** твоим   shores
Бродил я тихий и туманный,
Заветным умыслом томим!*

Как я любил твои **отзывы**,   responses
20 Глухие звуки, бездны **глас**   voice
И тишину в вечерний час,
И своенравные порывы!

Смиренный парус **рыбарей**,   fishermen
Твоею прихотью хранимый,
25 Скользит отважно средь **зыбей**:   ripples
Но ты **взыграл**, неодолимый,   grew rough
И стая тонет кораблей.

Не удалось навек оставить
Мне скучный неподвижный брег,
30 Тебя восторгами поздравить
И по **хребтам** твоим направить   here: waves
Мой поэтический побег.

---

* Here Pushkin alludes to his unrealized plan to escape Russia.

Ты ждал, ты звал... я был окован;
Вотще́ рвала́сь душа́ моя́:   in vain
Могу́чей стра́стью очаро́ван,
У берего́в оста́лся я...

5   О чём жале́ть? Куда́ бы ны́не
Я путь беспе́чный устреми́л?
Оди́н предме́т в твое́й пусты́не
Мою́ бы ду́шу порази́л.

Одна́ скала́, гробни́ца сла́вы...
10   Там погружа́лись в **хла́дный** сон   cold
Воспомина́нья велича́вы:
Там угаса́л Наполео́н.

Там он **почи́л** среди́ муче́ний.   died
И вслед за ним, как бу́ри шум,
15   Друго́й от нас умча́лся ге́ний,
Друго́й власти́тель на́ших дум.*

Исче́з, опла́канный свобо́дой,
Оста́вя ми́ру свой вене́ц.
Шуми́, взволну́йся непого́дой:
20   Он был, о мо́ре, твой певе́ц.

Твой о́браз был на нём **озна́чен**,   reflected
Он ду́хом со́здан был твои́м:
Как ты, могу́щ, глубо́к и мра́чен,
Как ты, ниче́м **неукроти́м**.   untamed

25   Мир опусте́л... Тепе́рь куда́ же
Меня́ б ты вы́нес, океа́н?
Судьба́ земли́ повсю́ду та же:
Где ка́пля бла́га, там на стра́же
Уж просвеще́нье иль тира́н.

30   Проща́й же, мо́ре! Не забу́ду
Твое́й торже́ственной красы́
И до́лго, до́лго слы́шать бу́ду
Твой гул в вече́рние часы́.

---

* Pushkin alludes to Lord Byron who died in 1824.

В леса́, в пусты́ни молчали́вы
Перенесу́, тобо́ю полн,   filled
Твои́ скалы́, твои́ зали́вы,
И блеск, и тень, и го́вор волн.

5   *1824*

ЗИ́МНИЙ ВЕ́ЧЕР

Бу́ря мгло́ю не́бо кро́ет,   darkness; covers
Ви́хри сне́жные крутя́,
То, как зверь, она́ заво́ет,
То запла́чет, как дитя́,
10   То по кро́вле обветша́лой   tattered
Вдруг соло́мой зашуми́т,
То, как пу́тник запозда́лый,
К нам в око́шко застучи́т.

15   На́ша ве́тхая лачу́жка   little hovel
И печа́льна, и темна́.
Что́ же ты, моя́ стару́шка,
Приумо́лкла у окна́?   got silent
Или бу́ри завыва́ньем   howling
20   Ты, мой друг, утомлена́,
Или дре́млешь под жужжа́ньем
Своего́ веретена́?   spindle

Вы́пьем, до́брая подру́жка
Бе́дной ю́ности мое́й,
25   Вы́пьем с го́ря; где же кру́жка?
Се́рдцу бу́дет веселе́й.
Спой мне пе́сню, как сини́ца   tit
Ти́хо за́ морем жила́;
Спой мне пе́сню, как деви́ца
30   За водо́й поу́тру шла.   in the morning

Бу́ря мгло́ю не́бо кро́ет,
Ви́хри сне́жные крутя́,
То, как зверь, она́ заво́ет,
То запла́чет, как дитя́.
35   Вы́пьем до́брая подру́жка
Бе́дной ю́ности мое́й.
Вы́пьем с го́ря; где же кру́жка?
Се́рдцу бу́дет веселе́й.

                                          1825

К А.П. КЕРН

Я по́мню чу́дное мгнове́нье:
Передо мно́й яви́лась ты,   appeared
Как мимолётное виде́нье,
Как ге́ний чи́стой красоты́.

В томле́ньях гру́сти безнаде́жной,   lassitude
В трево́гах шу́мной суеты́,
Звуча́л мне до́лго го́лос не́жный,
И сни́лись ми́лые черты́.

Шли го́ды. Бурь поры́в мяте́жный   storms (fig.)
Рассе́ял пре́жние мечты́,
И я забы́л твой го́лос не́жный,
Твои́ небе́сные черты́.

В глуши́, во мра́ке заточе́нья   confinement
Тяну́лись ти́хо дни мои́
Без божества́, без вдохнове́нья,
Без слёз, без жи́зни, без любви́.

Душе́ наста́ло пробужде́нье: awakening
И вот опя́ть яви́лась ты,
Как мимолётное виде́нье,
Как ге́ний чи́стой красоты́.

И се́рдце бьётся в упое́нье,   intoxication
И для него́ воскре́сли вновь
И божество́, и вдохнове́нье,
И жизнь, и слёзы, и любо́вь.

                                           1825

ПРОРО́К

Духо́вной жа́ждою томи́м,   parched with thirst
В пусты́не мра́чной я влачи́лся,   dragged along
И шестикры́лый Серафи́м*
На перепу́тье мне яви́лся;   cross-roads

---

* Seraphim — an angel with six wings who is retained to God and
glorifies Him.

Перста́ми лёгкими, как сон,   fingers
Мои́х зени́ц косну́лся он: pupils of the eyes
Отве́рзлись ве́щие зени́цы,   opened; prophetic
Как у испу́ганной орли́цы.
5 Мои́х уше́й косну́лся он,
И их напо́лнил шум и звон:
И внял я не́ба содрога́нье,   comprehend
И го́рний а́нгелов полёт,   heavenly
И гад морски́х подво́дный ход,   amphibians
10 И до́льней ло́зы прозяба́нье.*
И он к уста́м мои́м прини́к,   mouth
И вы́рвал гре́шный мой язы́к,
И праздносло́вный и лука́вый,   empty talk
И жа́ло му́дрыя змей
15 В уста́ заме́ршие мой
Вложи́л десни́цею крова́вой.   right hand
И он мне грудь рассёк мечо́м,
И се́рдце тре́петное вы́нул,
И у́гль, пыла́ющий огнём,   coal
20 Во грудь отве́рстую водви́нул.   open
Как труп в пусты́не я лежа́л,
И Бо́га глас ко мне воззва́л: voice
«Восста́нь, Проро́к, и ви́ждь, и вне́мли,   see; hear
Испо́лнись во́лею Мое́й
25 И, обходя́ моря́ и зе́мли,
Глаго́лом жги сердца́ люде́й!»   word
                                   1826

ПОСЛА́НИЕ В СИБИ́РЬ

Во глубине́ сиби́рских руд   mines
30 Храни́те го́рдое терпе́нье,
Не пропадёт ваш ско́рбный труд
И дум высо́кое стремле́нье.

Несча́стью ве́рная сестра́,
Наде́жда в мра́чном подземе́лье
35 Разбу́дит бо́дрость и весе́лье,
Придёт жела́нная пора́:

---

* Here, germination, sprouting of vine plant in a valley.

Любо́вь и дру́жество до вас   friendship
Дойду́т сквозь мра́чные затво́ры,   locks
Как в ва́ши ка́торжные но́ры
Дохо́дит мой свобо́дный глас.   voice

5   Око́вы тя́жкие паду́т,
Темни́цы ру́хнут — и свобо́да   prizons
Вас при́мет ра́достно у вхо́да,
И бра́тья меч вам отдаду́т.

1827

АРИО́Н*

10

Нас бы́ло мно́го на челне́;   boat
Ины́е па́рус напряга́ли,
Други́е дру́жно упира́ли
В глубь мо́щны вёсла. В тишине́,
15   На руль склоня́сь, наш ко́рмщик у́мный helmsman
В молча́ньи пра́вил гру́зный чёлн;
А я — беспе́чной ве́ры полн,
Пловца́м я пел... Вдруг ло́но волн   bosom
Измя́л с налёту ви́хорь шу́мный...   whirlwind
20   Поги́б и ко́рмщик, и плове́ц!
Лишь я, таи́нственный певе́ц,
На бе́рег вы́брошен грозо́ю.
Я ги́мны пре́жние пою́
И ри́зу вла́жную мою́   attire
25   Сушу́ на со́лнце под скало́ю.

1827

ТАЛИСМА́Н

Там, где мо́ре ве́чно пле́щет   splashes
На пусты́нные скалы́,
30   Где луна́ тепле́е бле́щет
В сла́дкий час вече́рней мглы,
Где, в гаре́мах наслажда́ясь,   harems
Дни прово́дит мусульма́н,

---

* Arion — an ancient Greek poet and bard who is best known for a
35 legend told of his escape from the sea.

Там волше́бница, ласка́ясь,
Мне вручи́ла талисма́н.

И, ласка́ясь, говори́ла:
«Сохрани́ мой талисма́н:
5   В нём таи́нственная си́ла!
Он тебе́ любо́вью дан.
От **недуга**, от моги́лы,   sickness
В бу́рю, в гро́зный урага́н,
Головы́ твое́й, мой ми́лый,
10 Не спасёт мой талисма́н.

И бога́тствами Восто́ка
Он тебя́ не одари́т,
И покло́нников проро́ка
Он тебе́ не покори́т;
15 И тебя́ на ло́но дру́га,   bosom
От печа́льных чу́ждых стран,
В край родно́й на се́вер с ю́га
Не умчи́т мой талисма́н...

Но когда́ кова́рны о́чи
20 Очару́ют вдруг тебя́,
Иль **уста́** во мра́ке но́чи   lips
Поцелу́ют не любя́ —
Ми́лый друг! от преступле́нья,
От серде́чных но́вых ран,
25 От изме́ны, от забве́нья
Сохрани́т мой талисма́н!»

                                              1827

А́НГЕЛ

В дверя́х Эде́ма* а́нгел не́жный
30 Главо́й пони́кшею сия́л,
А де́мон мра́чный и мяте́жный
Над а́дской бе́здною лета́л.

Дух отрица́нья, дух сомне́нья
На ду́ха чи́стого взира́л
35 И жар **нево́льный** умиле́нья   involuntary
Впервы́е сму́тно познава́л.

---

* Eden — a biblical paradise on earth, the place of habitation of people
before the Fall.

«Прости, — он рёк, — тебя я видел,   uttered
И ты не даром мне сиял:
Не всё я в небе ненавидел,
Не всё я в мире презирал».

5   1827

ПОЭТ

Пока не требует поэта
К священной жертве Аполлóн,*
В заботах суетного света
10   Он малодушно погружён;
Молчит его святая лира;
Душа вкушает хладный сон,   experiences
И меж детей ничтожных мира,
Быть может, всех ничтожней он.
15   Но лишь божественный глагóл   call
До слуха чуткого коснётся,
Душа поэта встрепенётся,
Как пробудившийся орёл.
Тоскует он в забавах мира,
20   Людской чуждается молвы,   avoids
К ногам народного кумира
Не клонит гордой головы;
Бежит он, дикий и суровый,
И звуков и смятенья полн,   confusion
25   На берега пустынных волн,
В широкошумные дубровы.   wild forests
                                                        1827

*   *   *

Не пой, красавица, при мне
30   Ты песен Грузии печальной:
Напоминают мне оне   they
Другую жизнь и берег дальний.

Увы, напоминают мне
Твои жестокие напевы
35   И степь, и ночь, и при луне
Черты далёкой, бедной девы!..

---

* Apollo — in Greek mythology, god of poetic and musical inspiration.

Я призрак милый, роковой,
Тебя увидев, забываю,
Но ты поёшь — и предо мной
Его я вновь **воображаю**.   imagine

Не пой, красавица, при мне
Ты песен Грузии печальной:
Напоминают мне оне
Другую жизнь и берег дальний.

1828

     ✶   ✶   ✶

Дар напрасный, дар случайный,
Жизнь, зачем ты мне дана?
Иль зачем судьбою тайной
Ты на казнь осуждена?

Кто меня враждебной властью
Из ничтожества **воззвал**,   called up
Душу мне наполнил страстью,
Ум сомненьем взволновал?..

Цели нет передо мною:
Сердце пусто, **празден** ум,   unoccupied
И томит меня тоскою
Однозвучный жизни шум.

1828

ВОСПОМИНАНИЕ

Когда для смертного умолкнет шумный день
     И на немые **стогны града**   town squares (obs.)
Полупрозрачная наляжет ночи тень
     И сон, дневных трудов награда,
В то время для меня влачатся в тишине
     Часы томительного **бденья**:   sleeplessness
В бездействии ночном живей горят во мне
     Змеи сердечной **угрызенья**;   remorse
Мечты кипят; в уме, подавленном тоской,
     Теснится тяжких дум избыток;
Воспоминание безмолвно предо мной
     Свой длинный **развивает свиток**;   unrolls its scroll

И с отвраще́нием чита́я жизнь мою́,
Я трепещу́ и проклина́ю.
И го́рько жа́луюсь, и го́рько слёзы лью,
Но строк печа́льных не смыва́ю.

5   *1828*

АНЧА́Р
(Дре́во я́да)   poison tree

В пусты́не ча́хлой и скупо́й,   stunted
На по́чве, зно́ем раскалённой,
10   Анча́р, как гро́зный часово́й,
Стои́т, оди́н во всей вселе́нной.
    Приро́да жа́ждущих степе́й
    Его́ в день гне́ва породи́ла.
    И зе́лень мёртвую ветве́й,
15   И ко́рни я́дом напои́ла.
Яд ка́плет сквозь его́ кору́,
К полу́дню растопя́сь от зно́ю,
И застыва́ет ввечеру́   at night
Густо́й, прозра́чною смоло́ю.
20   К нему́ и пти́ца не лети́т,   /doesn't come;
    И тигр нейдёт: лишь ви́хорь чёрный   whirlwind
    На дре́во сме́рти набежи́т —
    И мчи́тся прочь уже́ тлетво́рный.   putrid
И е́сли ту́ча ороси́т,
25   Блужда́я, лист его́ дрему́чий,
    С его́ ветве́й уж ядови́т
Стека́ет дождь в песо́к горю́чий   burning.
    Но челове́ка челове́к
    Посла́л к анча́ру вла́стным взгля́дом,
30   И тот послу́шно в путь потёк,   set out
    И к у́тру возврати́лся с я́дом.
Принёс он сме́ртную смолу́,
Да ветвь с увя́дшими листа́ми,
И пот по бле́дному челу́   forehead
35   Струи́лся хла́дными ручья́ми;
    Принёс — и ослабе́л, и лёг
    Под сво́дом шалаша́ на лы́ки,   bast mat
    И у́мер бе́дный раб у ног
    Непобеди́мого влады́ки.
40   А князь тем я́дом напита́л   soaked in
    Свои́ послу́шливые стре́лы   obedient
    И с ни́ми ги́бель разосла́л
    К сосе́дям в чу́ждые преде́лы.   foreign countries
                                                    1828

ПОЭТ И ТОЛПА

Поэт по лире вдохновенной
Рукой рассеянной бряцал.   clanked
Он пел — а хладный и надменный
5   Кругом народ непосвящённый   uneducated
Ему бессмысленно внимал.   listened

И толковала чернь тупая: common people
«Зачем он звучно так поёт?
Напрасно ухо поражая,   impressing
10   К какой он цели нас ведёт?
О чём бренчит? чему нас учит?   strums
Зачем сердца волнует, мучит,
Как своенравный чародей?   capricious wizard
Как ветер песнь его свободна,
15   Зато как ветер и бесплодна:
Какая польза нам от ней?»

Поэт
Молчи, бессмысленный народ,
Подёнщик, раб нужды, забот!   day-laborer
20   Несносен мне твой ропот дерзкий,   unbearable
Ты червь земли, не сын небес;
Тебе бы пользы всё — на вес
Кумир ты ценишь Бельведерский,*
Ты пользы, пользы в нём не зришь.   don't see
25   Но мрамор сей ведь бог!.. так что же?   this
Печной горшок тебе дороже:
Ты пищу в нём себе варишь.

Чернь
Нет, если ты небес избранник,
30   Свой дар, божественный посланник,
Во благо нам употребляй:
Сердца собратьев исправляй.
Мы малодушны, мы коварны,
Бесстыдны, злы, неблагодарны;
35   Мы сердцем хладные скопцы, cold-hearted castrates
Клеветники, рабы, глупцы;
Гнездятся клубом в нас пороки: teeming

---

* A reference to the statue of Belvedere Apollo.

Ты мо́жешь, бли́жнего любя́,
Дава́ть нам сме́лые уро́ки,
А мы послу́шаем тебя́.

П о э́ т

Поди́те прочь — како́е де́ло
Поэ́ту ми́рному до вас!
В развра́те **камене́йте** сме́ло: turn into stones
Не оживи́т вас ли́ры глас!
Душе́ проти́вны вы, как гро́бы.
Для ва́шей глу́пости и зло́бы
Име́ли вы до сей поры́
Бичи́, темни́цы, топоры́;
Дово́льно с вас, рабо́в безу́мных!
Во **гра́дах** ва́ших с у́лиц шу́мных   cities
Смета́ют сор, — поле́зный труд! —   sweep
Но, позабы́в своё служе́нье,
Алта́рь и жертвоприноше́нье,
Жрецы́ ль у вас метлу́ беру́т?
Не для **жите́йского волне́нья**,   dayly worries
Не для коры́сти, не для битв,
Мы рождены́ для вдохнове́нья,
Для зву́ков сла́дких и моли́тв.

1828

✳   ✳   ✳

Брожу́ ли я вдоль у́лиц шу́мных,
Вхожу́ ль во многолю́дный храм,
Сижу́ ль меж ю́ношей безу́мных,
Я предаю́сь мои́м мечта́м.   occupied by my dreams

Я говорю́: промча́тся го́ды,
И ско́лько здесь ни ви́дно нас,
Мы все сойдём под **ве́чны сво́ды** —   burial vault
И чей-нибудь уж бли́зок час.

Гляжу́ ль на дуб уедине́нный,
Я мы́слю: патриа́рх лесо́в
Переживёт мой век **забве́нный**,   forgotten
Как пережи́л он век отцо́в.

Младе́нца ль ми́лого ласка́ю,
Уже́ я ду́маю: прости́!
Тебе́ я ме́сто уступа́ю:
Мне вре́мя **тлеть**, тебе́ цвести́.   decay

День ка́ждый, ка́ждую годи́ну   time
Привы́к я ду́мой провожа́ть,
Гряду́щей сме́рти годовщи́ну   future
Меж их стара́ясь угада́ть.   between

5   И где мне смерть пошлёт судьби́на?
В бою́ ли, в стра́нствии, в волна́х?
Или сосе́дняя доли́на
Мой при́мет охладе́лый прах?   dead body

И хоть бесчу́вственному те́лу
10   Равно́ повсю́ду истлева́ть,
Но бли́же к ми́лому преде́лу   dear place
Мне всё б хоте́лось почива́ть.

И пусть у гробово́го вхо́да
Млада́я бу́дет жизнь игра́ть   young
15   И равноду́шная приро́да
Красо́ю ве́чною сия́ть.

1829

* * *

Я вас люби́л: любо́вь ещё, быть мо́жет,
20   В душе́ мое́й уга́сла не совсе́м;   died down
Но пусть она́ вас бо́льше не трево́жит;
Я не хочу́ печа́лить вас ниче́м.
Я вас люби́л безмо́лвно, безнаде́жно,
То ро́бостью, то ре́вностью томи́м;
25   Я вас люби́л так и́скренно, так не́жно,
Как дай вам Бог люби́мой быть други́м.

1829

* * *

На хо́лмах Гру́зии лежи́т ночна́я мгла,
30   Шуми́т Ара́гва* предо мно́ю.
Мне гру́стно и легко́; печа́ль моя́ светла́,
Печа́ль моя́ полна́ тобо́ю,
Тобо́й, одно́й тобо́й... Уны́нья моего́   sadness
Ничто́ не му́чит, не трево́жит,
35   И се́рдце вновь гори́т и лю́бит — оттого́
Что не люби́ть оно́ не мо́жет.

1829

---

* A river in Georgia

БЕСЫ

Мча́тся ту́чи, вью́тся ту́чи;
Невиди́мкою луна́
Освеща́ет снег лету́чий;
5   Му́тно не́бо, ночь мутна́.
Е́ду, е́ду в чи́стом по́ле;
Колоко́льчик дин-дин-дин...
Стра́шно, стра́шно понево́ле
Средь неве́домых равни́н!

10   «Эй, пошёл, ямщи́к!..» — «**Нет мо́чи**:   I can't
Ко́ням, ба́рин, тяжело́;
Вью́га мне слипа́ет **о́чи**;   eyes
Все доро́ги **занесло́**;   covered with snow
Хоть убе́й, следа́ не ви́дно;
15   **Сби́лись** мы. Что де́лать нам!   got lost
В по́ле бес нас во́дит, **ви́дно**,   evidently
Да кружи́т по сторона́м.

Посмотри́: вон, вон игра́ет,
Ду́ет, плю́ет на меня́;
20   Вон — тепе́рь в овра́г толка́ет
Одича́лого коня́;   gone wild
Там **версто́ю**[*] **небыва́лой**   illusory verstpost
Он торча́л передо мно́й;
Там сверкну́л он и́скрой ма́лой
25   И пропа́л во тьме пусто́й».

Мча́тся ту́чи, вью́тся ту́чи;
Невиди́мкою луна́
Освеща́ет снег лету́чий;
Му́тно не́бо, ночь мутна́.
30   Сил нам нет кружи́ться до́ле;
Колоко́льчик вдруг умо́лк;
Ко́ни ста́ли... «Что́ там в по́ле?»
— «Кто их зна́ет? пень иль волк?»

Вью́га зли́тся, вью́га пла́чет;
35   Ко́ни чу́ткие храпя́т;
Вон уж он **дале́че** ска́чет;   far away
Лишь глаза́ во мгле горя́т;

---

[*] Verst — old Russian measurement equivalent to approx. 1.06 kilometers.

Кони снова понеслися;
Колокольчик дин-дин-дин...
Вижу: духи собралися
Средь белеющих равнин.

5   Бесконечны, безобразны,   moon
В мутной месяца игре
Закружились бесы разны,
Будто листья в ноябре...
Сколько их! куда их гонят?
10   Что ж так жалобно поют?
Домового ли хоронят,   house-sprite
Ведьму ль замуж выдают?

Мчатся тучи, вьются тучи;
Невидимкою луна
15   Освещает снег летучий;
Мутно небо, ночь мутна.
Мчатся бесы рой за роем
В беспредельной вышине,
Визгом жалобным и воем
20   Надрывая сердце мне...   heart-rending
1830

*   *   *

Для берегов отчизны дальной
Ты покидала край чужой;
25   В час незабвенный, в час печальный   unforgettable
Я долго плакал пред тобой.
Мои хладеющие руки   cooling down
Тебя старались удержать;
Томленья страшного разлуки   lassitude
30   Мой стон молил не прерывать.   begged

Но ты от горького лобзанья   kiss
Свой уста оторвала;   lips
Из края мрачного изгнанья
Ты в край иной меня звала.   another land
35   Ты говорила: «В день свиданья
Под небом вечно голубым,
В тени олив, любви лобзанья   olive trees
Мы вновь, мой друг, соединим».

Но там, **увы**, где **не́ба сво́ды**   alas; firmament
Сия́ют в бле́ске голубо́м,
Где тень оли́в легла́ на во́ды,
Засну́ла ты после́дним сном.
5 Твоя́ краса́, твои́ страда́нья
Исче́зли в у́рне гробово́й —
Но сла́дкий поцелу́й свида́нья...
Его́ я жду; **он за тобо́й...**   you owe me one
1830

10 ## СТИХИ́, СОЧИНЁННЫЕ НО́ЧЬЮ
ВО ВРЕ́МЯ БЕССО́ННИЦЫ

Мне не спи́тся, нет огня́;
Всю́ду мрак и сон **доку́чный**.   annoying
Ход часо́в лишь однозву́чный
15 Раздаётся близ меня́,
Па́рки* ба́бье лепета́нье,   prattle
Спя́щей но́чи трепета́нье,
Жи́зни мы́шья беготня́...   mouse bustle
Что трево́жишь ты меня́?
20 Что ты зна́чишь, ску́чный шёпот?
Укори́зна, или ро́пот   reproach
мной утра́ченного дня?
От меня́ чего ты хо́чешь?
Ты зовёшь или **проро́чишь**?   prophesy
25 Я поня́ть тебя́ хочу́,
Смы́сла я в тебе́ ищу́...
1830

ЭЛЕ́ГИЯ

Безу́мных лет уга́сшее весе́лье
30 Мне тяжело́, как сму́тное **похме́лье**.   hangover
Но, как вино́ — печа́ль мину́вших дней
В мое́й душе́ чем ста́ре, тем сильне́й.
Мой путь уны́л. **Сули́т** мне труд и го́ре   promises
Гряду́щего волну́емое мо́ре.

---

35 * Parcae — a goddess of fate.

Но не хочу, о други, умирать;
Я жить хочу, чтоб мыслить и страдать;
И ведаю, мне будут наслажденья
Меж горестей, забот и треволненья:

5 Порой опять гармонией **упьюсь**,   will enjoy
Над вымыслом **слезами обольюсь**,   will cry
И может быть — на мой закат печальный
Блеснёт любовь улыбкою прощальной.

1830

ПОЭТУ
Сонет

Поэт! **не дорожи** любовию народной.   don't cherish
Восторженных похвал пройдёт минутный шум;
Услышишь суд глупца и смех толпы холодной:

15 Но ты останься твёрд, спокоен и угрюм.

Ты царь: живи один. Дорогою свободной
Иди, куда влечёт тебя свободный ум,
Усовершенствуя плоды любимых дум,   perfecting
Не требуя наград за подвиг благородный.

20 Они в самом тебе. Ты сам свой высший суд;
Всех строже оценить умеешь ты свой труд.
Ты им доволен ли, **взыскательный** художник? demanding

Доволен? Так пускай толпа его бранит
И плюет на алтарь, где твой огонь горит
25 И в детской **резвости** колеблет твой треножник.* playfulness

1830

ЭХО

Ревёт ли зверь в лесу глухом,
Трубит ли рог, гремит ли гром,
30 Поёт ли дева за холмом —
На всякий звук
Свой отклик в воздухе пустом
Родишь ты вдруг.   give birth

---

* Tripod — in ancient Greece, an appliance on which a pot with incense
35 was burnt to facilitate poetic inspiration.

Ты **внемлешь** гро́хоту громо́в   hear
И гла́су бу́ри и вало́в,
И кри́ку се́льских пастухо́в —
И шлёшь отве́т;
Тебе́ ж нет о́тзыва... Тако́в   response
И ты, поэ́т!

1831

*   *   *

Не дай мне Бог сойти́ с ума́.
Нет, ле́гче по́сох и сума́;   go begging (fig.)
Нет, ле́гче труд и глад.   hunger
Не то, чтоб ра́зумом мои́м
Я дорожи́л; не то чтоб с ним
Расста́ться был не рад:

Когда́ б оста́вили меня́
На во́ле, как бы ре́зво я
Пусти́лся в тёмный лес!   set out
Я пел бы в пла́менном бреду́,
Я забыва́лся бы в **чаду́**   intoxication
Нестро́йных, чу́дных **грез**.   dreams

И я б **заслу́шивался** волн,   listen spellbound to
И я гляде́л бы, сча́стья полн,
В пусты́е небеса́;
И си́лен, во́лен был бы я,
Как **ви́хорь**, ро́ющий поля́,   tornado
Лома́ющий леса́.

Да вот беда́: сойди́ с ума́,
И стра́шен бу́дешь, как чума́,
Как раз тебя́ запру́т,
Поса́дят на́ цепь дурака́
И сквозь решётку как зверка́
Дразни́ть тебя́ приду́т.

А но́чью слы́шать бу́ду я
Не го́лос я́ркий соловья́,
Не шум глухо́й дубро́в —
А крик това́рищей мои́х,
Да брань **смотри́телей** ночны́х,   wardens
Да визг, да звон око́в.

1833

* * *

Пора́, мой друг, пора́! поко́я се́рдце про́сит —
Летя́т за дня́ми дни, и ка́ждый час уно́сит
Части́чку бытия́, а мы с тобо́й вдвоём
Предполага́ем жить... И глядь — как раз — умрём.
5   На све́те сча́стья нет, но есть поко́й и во́ля.
Давно́ **зави́дная** мечта́ется мне до́ля —   enviable; fate
Давно́, уста́лый раб, замы́слил я побе́г
В **оби́тель** да́льнюю трудо́в и чи́стых **нег**.   abode; pleasures
10   *1834*

* * *

Я па́мятник себе́ воздви́г **нерукотво́рный**,   not made by
К нему́ не зарастёт наро́дная тропа́,   'hand
Вознёсся вы́ше он главо́ю непоко́рной
15   Александри́йского столпа́.*

Нет, весь я не умру́ — душа́ в заве́тной ли́ре
Мой прах переживёт и тле́нья убежи́т —
И сла́вен бу́ду я, **доко́ль** в подлу́нном ми́ре   as long as
Жив бу́дет хоть оди́н **пии́т**.   poet

20   **Слух** обо мне́ пройдёт по всей Руси́ вели́кой,   rumor
И назовёт меня́ **всяк су́щий** в ней язы́к,   every existing
И го́рдый внук славя́н, и финн, и ны́не ди́кой
Тунгу́с,** и друг степе́й — калмы́к.

И до́лго бу́ду тем любе́зен я наро́ду,
25   Что чу́вства до́брые я ли́рой пробужда́л,
Что в мой жесто́кий век восславил я свобо́ду
И ми́лость к **па́дшим** призыва́л.   defeated

Веле́нью Бо́жию, о му́за, будь послу́шна,
Оби́ды не страша́сь, не тре́буя венца́,
30   Хвалу́ и клевету́ прие́мли равноду́шно,
И **не оспо́ривай** глупца́.   don't argue
                                                        1836

---

* A column-memorial dedicated to Alexander I on the Palace Square in
St. Petersburg.

** Old name of Evenks.
35

Евгений Абрамович Баратынский

(1800-1844)

1800 — родился в родовитой дворянской семье. Отец — отставной генерал-лейтенант; мать, урождённая Черепанова, в прошлом — фрейлина двора. Первоначальное образование получил дома под руководством учителя-итальянца.

1808 — переезд семьи в Москву.

1812 — принят в Пажеский корпус.

1816 — исключён из корпуса за участие в проделке сверстников, с разжалованием в рядовые.

1818 — сближение с Пушкиным, Дельвигом и Кюхельбекером.

1819 — появление первых публикаций стихов.

1820 — произведён в унтер-офицеры, с переводом в Финляндию для службы. Избран членом-корреспондентом Вольного общества любителей русской поэзии.

1826 — женитьба на Анастасии Львовне Энгельгард.

1827 — второе издание стихотворений.

1830-е — живёт в Москве и в своём поместье Мураново.

1835 — выход избранных стихотворений в двух томах.

1840 — поездка в Петербург; встреча с Жуковским, Вяземским, Одоевским.

1842 — выход сборника «Сумерки».

1843 — отъезд с семьёй в Европу, выступления в Парижских салонах.

1844 — скоропостижно скончался в Неаполе.

РАЗУВЕРÉНИЕ

Не искушáй меня́ без ну́жды   don't tempt
Возврáтом нéжности твоéй:
Разочарóванному чу́жды   disappointed one
5   Все обольщéнья прéжних дней!
Уж я не вéрю увéреньям,
Уж я не вéрую в любóвь
И не могу́ предáться вновь
Раз изменúвшим сновидéньям!
10 Слепóй тоски́ моéй **не мнóжь,**   don't increase
Не заводи́ о прéжнем слóва,   don't mention
И, друг забóтливый, больнóго   ′the past
В егó дремóте не тревóжь!
Я сплю, мне слáдко усыплéнье;
15 Забу́дь бывáлые мечты́:
В душé моéй однó волнéнье,
А не любóвь пробу́дишь ты.

1821

ПОЦЕЛУ́Й

20 **Сей** поцелу́й, дарóванный тобóй,   this
Преслéдует моё воображéнье:
И в шу́ме дня и в тишинé ночнóй
Я чу́вствую егó **напечатлéнье!**   touch
Сойдёт ли сон и взор сомкнёт ли мой —   whenever I
25 Мне сни́шься ты, мне сни́тся наслаждéнье!   ′fall asleep
Обмáн исчéз, нет счáстья! и со мной
Однá любóвь, однó **изнеможéнье.**   exhaustion

1822

ПРИЗНÁНИЕ

30 Притвóрной нéжности не трéбуй от меня́,
Я сéрдца моегó не скрóю хлад печáльный.   coldness
Ты прáва, в нём уж нет прекрáсного огня́
Моéй любви́ первоначáльной.
Напрáсно я себé **на пáмять приводи́л**   recalled
35 И ми́лый óбраз твой, и прéжние мечтáнья;
Безжи́зненны мои́ воспоминáнья,
Я кля́твы дал, но дал их **вы́ше сил.**   beyond my power

Я не **пленён** краса́вицей друго́ю,   captured
Мечты́ ревни́вые от се́рдца удали́;
Но го́ды до́лгие в разлу́ке протекли́,
Но в бу́рях жи́зненных развлёкся я душо́ю.
5   Уж ты жила́ **неве́рной те́нью** в ней;   fading shadow
Уже́ к тебе́ взыва́л я ре́дко, принуждённо,
    И пла́мень мой, слабе́я постепе́нно,
    Собо́ю сам пога́с в душе́ мое́й.
Верь, жа́лок я оди́н. Душа́ любви́ жела́ет,
10   Но я люби́ть не бу́ду вновь;
Вновь не забу́дусь я: вполне́ **упоева́ет**   satisfies
    Нас то́лько пе́рвая любо́вь.

Грущу́ я; но и грусть мину́ет, знамену́я
Судьби́ны по́лную побе́ду надо мно́й;
15 Кто зна́ет? **мне́нием солью́ся** я с толпо́й;   join the opinion
Подру́гу, без любви́ — кто зна́ет? — изберу́ я.
На брак обду́манный я ру́ку ей пода́м
    И в хра́ме ста́ну ря́дом с не́ю,
Неви́нной, пре́данной, быть мо́жет, лу́чшим снам,
20   И назову́ её мое́ю;
И весть к тебе́ придёт, но не зави́дуй нам:
Обме́на та́йных дум не бу́дет ме́жду на́ми,
Душе́вным **при́хотям** мы во́ли не дади́м,   caprices
    Мы не сердца́ под бра́чными венца́ми —
25   Мы **жре́бии** свои́ соедини́м.   fates
Проща́й! Мы до́лго шли доро́гою одно́ю;
Путь но́вый я избра́л, путь но́вый избери́;
Печа́ль беспло́дную рассу́дком **усмири́**   tame
И не вступа́й, молю́, в напра́сный суд со мно́ю.
30   Невла́стны мы в сами́х себе́
        И, в молоды́е на́ши ле́ты,
        Даём поспе́шные обе́ты,
Смешны́е, мо́жет быть, **всеви́дящей** судьбе́.   all-seeing

1823

ДВЕ ДО́ЛИ

Дало́ две до́ли провиде́ние
    На вы́бор му́дрости людско́й:
Или наде́жду и волне́ние,
    Иль безнадёжность и поко́й.

Верь тот наде́жде **обольща́ющей**,   seducing
    Кто бодр нео́пытным умо́м,
Лишь по **молве́ разновеща́ющей**   inconsistent rumor
    С судьбо́й насме́шливой знако́м.

Надейтесь, юноши кипящие!
Летите, крылья вам даны;
Для вас и замыслы блестящие
И сердца пламенные сны!

5 Но вы, судьбину испытавшие,
Тщету утех, печали власть,   vanity of pleasures
Вы, знанье бытия приявшие
Себе на тягостную **часть!**   lot

Гоните прочь их **рой прельстительный**; tempting
10 Так! доживайте жизнь в тиши   'swarm
И берегите хлад спасительный
Своей бездейственной души.

Своим бесчувствием блаженные,
Как трупы мёртвых из гробов,
15 **Волхва** словами пробужденные,   soothsayer
Встают со скрежетом зубов, —

Так вы, согрев в душе желания,
Безумно **вдавшись** в их обман,   submitting
Проснётесь только для страдания,
20 Для боли новой прежних ран.

1823

ИСТИНА

О счастии с младенчества тоскуя,
Всё счастьем беден я,
25 Или **вовек** его не **обрету** я   never; will find
В пустыне бытия?

Младые сны от сердца отлетели,
Не узнаю я **свет**;   world
Надежд своих лишён я прежней цели,
30 А новой цели нет.

Безумен ты и все твои желанья —
Мне первый опыт **рек**;   said
И лучшие мечты моей созданья
Отвергнул я **навек**.   forever

35 Но для чего души **разуверенье**   disappointment
Свершилось не вполне?
Зачем же в ней слепое сожаленье
Живёт о старине?

Так некогда обдумывал с ропта́ньем
    Я до́льний жре́бий свой,   sorrowful
Вдруг Истину (то не́ было мечта́ньем)
    Узре́л перед собо́й.   saw

«Свети́льник мой ука́жет путь ко сча́стью! —
    Веща́ла. — Захочу́ —   told
И, стра́стного, отра́дному бесстра́стью
    Тебя́ я научу́.

Пуска́й со мной ты се́рдца жар погу́бишь,
    Пуска́й, узна́в люде́й,
Ты, мо́жет быть, разлю́бишь
    И бли́жних, и друзе́й.

Я бытия́ все пре́лести разру́шу,
    Но ум наста́влю твой;
Я оболью́ суро́вым хла́дом ду́шу,   coldness
    Но дам душе́ поко́й».

Я трепета́л, слова́м её **внима́я**,   listening
    И го́рестно в отве́т
Промо́лвил ей: «О го́стья **рокова́я!**   fateful
    Печа́лен твой приве́т.

Свети́льник твой — свети́льник погреба́льный
    Всех ра́достей земны́х!
Твой мир, увы́! моги́лы мир печа́льный
    И стра́шен для живы́х.

Нет, я не твой! в твое́й нау́ке стро́гой
    Я сча́стья не найду́;
Поки́нь меня́, **кой-как** мое́й доро́гой   somehow
    Оди́н я побреду́.

Прости́! иль нет: когда́ моё **свети́ло**   star
    Во звёздной вышине́
Начнёт бледне́ть и всё, что се́рдцу ми́ло,
    Забы́ть придётся мне,

Яви́сь тогда́! раскро́й тогда́ мне о́чи,
    Мой ра́зум просвети́,
Чтоб, жизнь презре́в, я мог в **оби́тель но́чи** grave
    Безро́потно сойти́».   (abode of night)

1823

* * *

/my gift
is meager

Мой дар убо́г, и го́лос мой негро́мок,
Но я живу́, и на земле́ моё
Кому́-нибудь любе́зно бытиё: dear
Его́ найдёт далёкий мой пото́мок
В мои́х стиха́х; как знать? душа́ моя́
Ока́жется с душо́й его́ в сноше́ньи,   contact
И как нашёл я дру́га в поколе́ньи,   generation
Чита́теля найду́ в пото́мке я.

1828

* * *

К чему́ нево́льнику мечта́ния свобо́ды?
Взгляни́: безро́потно теку́т речны́е во́ды   obediently
В ука́занных брега́х, по скло́ну их русла́;   shores
Ель велича́вая стои́т, где возросла́,
Невла́стная сойти́; небе́сные свети́ла   unable to move
Назна́ченным путём неве́домая си́ла
Влечёт; бродя́чий ветр не во́лен, и зако́н
Его́ лету́чему дыха́нью положён.   determined
Уде́лу своему́ и мы поко́рны бу́дем,   fate
Мяте́жные мечты́ смири́м иль позабу́дем.
Рабы́ разу́мные, послу́шно согласи́м   coordinate
Свои́ жела́ния со жре́бием свои́м, —   lot
И бу́дет сча́стлива, споко́йна на́ша до́ля.
Безу́мец! Не она́ ль, не Вы́шняя ли во́ля   Divine
Дару́ет стра́сти нам? И не её ли глас   voice
В их гла́се слы́шим мы? О, тя́гостна для нас
Жизнь, в се́рдце бьющая могу́чею волно́ю
И в гра́ни у́зкие втеснённая судьбо́ю.

1833

* * *

Наслажда́йтесь: всё прохо́дит!
То благо́й, то стро́гий к нам,
Своенра́вно рок приво́дит   fate
Нас к уте́хам и беда́м.   pleasures
Чужд он до́лгого пристра́стья: it doesn't last
Вы, чья жизнь полна́ красы́,   beauty
На лету́ лови́те сча́стья
Ненадёжные часы́.

Не **ропщи́те**: всё прохо́дит,   grumble
И ко сча́стью иногда́
Неожи́данно приво́дит
Нас суро́вая беда́.
5   И весе́лью и печа́ли
На изме́нчивой земле́
Бо́ги пра́ведные да́ли
Одина́кие криле́.   similar wings
1834

10   ❋   ❋   ❋

Я не люби́л её, я знал,
Что не она́ пойме́т поэ́та,
Что на язы́к души́ душа́ в ней без отве́та;
Чего́ ж, безу́мец, в ней иска́л?
15   Заче́м стихи́ мои́ звуча́ли
Её восто́рженной хвало́й
И **малоду́шно возвеща́ли**   cowardly declared
Её влады́чество и плен посты́дный мой?
Заче́м **вверя́л** я с умиле́ньем   entrusted
20   Ей все мечты́ души́ мое́й?..
Тума́н упа́л с мои́х **оче́й,**   eyes
Её бегу́ я с отвраще́ньем!
Так, омрачённые вино́м,
Мы недосто́йному поро́ю
25   Жмём ру́ку дру́жеской руко́ю,
Приве́тствуем его с оскла́бленным лицо́м,   grinning
Красноречи́во излива́ем
Все ду́мы се́рдца перед ни́м;
Оши́бки тёмное созна́ние храни́м
30   Но **блажь** доса́дную напра́сно укроща́ем   whim
Умо́м взволно́ванным свои́м.
Очну́вшись, стра́нному забве́нию **диви́мся,**   surprise
И незако́нного **наперсника** стыди́мся,   confidant
И от проти́вного лица́ его бежи́м.
35   *1834*

                    ❋   ❋   ❋

Боля́щий дух **врачу́ет** песнопе́нье.   heals
Гармо́нии таи́нственная власть
Тяжёлое иску́пит заблужде́нье
40   И укроти́т бушу́ющую страсть.
Душа́ певца́, **согла́сно излита́я,** expressed in harmony
Разрешена́ от всех свои́х **скорбе́й;**   relieved from
И чистоту́ поэ́зия свята́я   ʹall its sorrows
И мир отда́ст **прича́стнице** свое́й.   one who is privy
45   *1834*

* * *

О, верь: ты, нежная, дороже славы мне;
Скажу ль? мне иногда **докучно** вдохновенье: burdensome
　　Мешает мне его волненье
　　Дышать любовью в тишине!
Я сердце **предаю** сердечному союзу; give over to
　　Приди, мечты мои **рассей**, dispel
Ласкай, ласкай меня, о друг души моей!
И покори себе бунтующую музу.

1834

* * *

О мысль! тебе удел цветка:
Он свежий манит мотылька,
Прельщает пчёлку золотую,
К нему с любовью мошка **льнёт** clings
И стрекоза его поёт;
Утратил свежесть молодую
И **чередой своей поблек** — withered in due time
Где пчёлка, мошка, мотылёк?
Забыт он роем их летучим,
И никому в нём нужды нет;
А тут зерном своим **падучим** falling
Он зарождает новый цвет.

1834

ПОСЛЕДНИЙ ПОЭТ
(отрывок)

Век шествует путём своим железным,
В сердцах корысть, и общая мечта
Час от часу **насущным** и полезным earthy
Отчетливей, бесстыдней **занята**. preoccupied
Исчезнули при свете просвещенья
Поэзии ребяческие сны,
И не о ней хлопочут поколенья,
Промышленным заботам **преданы**. consumed

1835

* * *

Сначала мысль, воплощена
В поэму сжатую поэта,

Как де́ва ю́ная, темна́
Для **невнима́тельного све́та**;   indifferent high
Пото́м, осме́лившись, она́   ´society
Уже́ **уве́ртлива, речи́ста**,   evasive, voluble
5   Со всех сторо́н свои́х видна́,
Как **искушённая жена́**   experienced
В свобо́дной про́зе романи́ста;
Болту́нья ста́рая, зате́м
Она́, **подъе́мля** крик наха́льный,   raising
10   Плоди́т в поле́мике журна́льной
Давно́ уж **ве́домое** всем.   known

1837

* * *

Благослове́н свято́е извести́вший!   blessed
15   Но в глубине́ развра́та не поги́б
Како́й-нибудь **непра́ведный изги́б**   evil bent
Серде́ц люде́й пред на́ми **обнажи́вший**.   uncovering
Две о́бласти: сия́ния и тьмы
Иссле́довать равно́ стреми́мся мы.
20   Плод я́блони со дре́ва упада́ет:
Зако́н небе́с **пости́гнул** челове́к!   grasped
Так в ди́кий смысл поро́ка посвяща́ет
Нас иногда́ оди́н его́ намёк.

1839

25   * * *

Толпе́ трево́жный день **приве́тен**, но страшна́   pleasant
Ей ночь безмо́лвная. Бои́тся в ней она́
Раско́ванной мечты́ виде́ний **своево́льных**.   capricious
Не легкокры́лых грёз, дете́й волше́бной тьмы,
30   Виде́ний дня бои́мся мы,
Людски́х суе́т, забо́т **юдо́льных**.   sorrowful

Ощу́пай возмущённый мрак —
Исче́знет, с пустото́й сольётся
Тебя́ пуга́ющий призра́к,
35   И заблужде́нью чувств твой у́жас улыбнётся.

О сын фанта́зии! ты благоро́дных **фей**   fairies
Счастли́вый ба́ловень, и там, в **зао́чном** ми́ре,   another
Весёлый семьяни́н, привы́чный гость на пи́ре   ´world
Неосяза́емых власте́й!
40   Мужа́йся, не слабе́й душо́ю
Пе́ред забо́тою земно́ю:

Ей **исполинский** вид даёт твоя мечта;   giant
Коснися облака нетрепетной рукою —
Исчезнет; а за ним опять перед тобою
Обители духов откроются **врата.**   abode; gates

1839

МУДРЕЦУ́

                                                                  /in vane
Тщетно меж бурною жизнью и хладною смертью, философ,
Хочешь ты пристань найти, имя даёшь ей: покой.
Нам, из ничтожества вызванным творчеством слова
                                                 тревожным,
Жизнь для волненья дана: жизнь и волненье — одно.
Тот, кого миновали общие **смуты,** заботу   troubles
Сам вымышляет себе: лиру, палитру, резец;
Мира невежда, младенец, как будто закон его чуя,   sensing
Первым **стенаньем** качать **нудит** свою колыбель!   moaning; urges

1840

*   *   *

На что вы, дни! **Юдольный** мир явленья   sorrowful
        Свой не изменит!
Все ведомы, и только повторенья
        Грядущее сулит.   future promises

Недаром ты металась и кипела,
        Развитием спеша;
Свой подвиг ты свершила прежде тела,
        Безумная душа!

И, тесный круг **подлунных** впечатлений   sublunar
        Сомкнувшая давно,
Под веяньем **возвратных** сновидений   reappearing
        Ты дремлешь, а оно

Бессмысленно глядит, как утро встанет,
        Без нужды ночь сменя,   /disappears
Как в мрак ночной бесплодный вечер **канет,**
        Венец пустого дня!

1840

СКУЛЬПТОР

Глубо́кий взор **впери́в** на ка́мень,   directing upon
Худо́жник ни́мфу в нём **прозре́л**,   saw clearly
И пробежа́л по жи́лам пла́мень,
5   И к ней он се́рдцем полете́л.

Но, **бесконе́чно вожделе́нный**,   full of desire
Уже́ он вла́ствует собо́й:
Нетороплённый, постепе́нный
Резе́ц с боги́ни сокрове́нной   chisel
10   Кору́ снима́ет за коро́й.

В забо́те сла́достно-тума́нной
Не час, не день, не год уйдёт,
А с **предуга́данной**, с жела́нной   forseen
Покро́в после́дний не падёт,

15   Поку́да, страсть **уразуме́я**   understanding
Под ла́ской вкра́дчивой резца́,
Отве́тным взо́ром Галате́я*
Не увлечёт, жела́ньем **рде́я**,   burning
К побе́де **не́ги** мудреца́.   pleasure
20   *1841*

*   ✿   ✿   ✿*

Здра́вствуй, **о́трок сладкогла́сный**!   sweet-voiced youth
Твой рассве́т заре́й прекра́сной
Озаря́ет Аполло́н!
25   Честь возни́кшему **пии́ту**!   poet
Малоле́тнюю хари́ту**
Ра́нней ли́рой тро́нул он.

С у́тра дней счастли́в и сла́вен,
Кто тебе́, мой ма́льчик, ра́вен?
30   То́лько **жа́воронок** живо́й,   skylark
Чу́ткой гру́дию свое́ю,
С пе́рвым со́лнцем, по́лный все́ю
Наступа́ющей весно́й!

                    1841

---

35   * Galatea — in Greek mythology, a sea nymph the statue of whom came to life and became a lover to the sculptor Pygmalion who created her.

** In ancient mythology, goddess who personified charm and attractiveness.

РОПОТ

Кра́сного ле́та отра́ва, му́ха доса́дная, что ты   /fingers
  Вьёшься, терза́я меня, льнёшь то к лицу́, то к **перста́м**?
Кто одари́л тебя жа́лом, вла́стным прерва́ть самово́льно
5 Мо́щно-крыла́тую мысль, жа́ркой любви́ поцелу́й?
Ты из мечта́теля ми́рного, **нег** европе́йских пито́мца,   pleasures
  Ди́кого **ски́фа** твори́шь, жа́дного сме́рти врага́.   Scythian
1841

❄   ❄   ❄

10   Спаси́бо зло́бе хлопотли́вой,
                  Хвала́ вам, не́други мой!
                  Я, не уста́лый, но лени́вый,
                  Уж пил лете́йские* струи́.

                  Слегка́ седе́ющий мой во́лос
15   Люби́л за пра́во на поко́й;
                  Но вот к борьбе́ ваш ди́кий го́лос
                  Меня́ зовёт и бу́дит мой.

                  Спаси́бо вам, я не в **утра́те**!   loss
                  Как богои́збранный евре́й,**
20   Останови́ли на зака́те
                  Вы со́лнце ю́ности мое́й!

                  Спаси́бо! мо́лодость втору́ю,
                  И челове́ческим сына́м
                  Досе́ль безве́стную, пиру́ю   till now unknown
25   Я в за́висть Флакку,*** в сла́ву вам!
1842

---

   * Lethe — in ancient mythology, a river of oblivion.

   ** An allusion to the Old Testament story about one of the decisive battles between Hebrew troops led by Joshua, Moses' assistant, and the
30 Philistines, during which God stayed the sun to prolong the daylight, thus helping the Hebrews win the battle.

   *** Roman poet Quintus Horatius Flaccus who sung of love, friendship, and youth in his epistles.

Михаил Юрьевич Лермонтов

(1814-1841)

1814 — родился в деревне Суханово, Новгородской губернии. Отец — бедный капитан в отставке, по предположению, потомок шотландского барда XII века Томаса Раймера. Мать, М.М. Арсеньева, из богатой аристократической семьи.

1817 — смерть матери. Переезд в имение бабушки — урождённой Столыпиной. Получил образование дома, занимаясь с нанятыми учителями. Рано выучил четыре языка, включая английский. Изучал рисование и занимался им в течение всей жизни. Семья выезжала летом на Кавказ, который произвёл на Лермонтова сильное впечатление, отразившееся позднее в его произведениях.

1827 — переезд в Москву и поступление в «благородный пансионат» Московского университета. Начало творческой деятельности.

1830 — поступление сначала на Факультет этики и политики, а потом — на Литературный факультет Московского университета.

1830-1832 — серия ранних влюблённостей, оставивших глубокий душевный след из-за отсутствия взаимности и отразившихся впоследствии в любовной лирике: в подругу двоюродной кузины Е.А. Сушкову, в Н.Ф. Иванову и В.А. Лопухину.

1832 — после конфликта с членами экзаменационной комиссии оставил университет и поступил в Школу гвардейских кавалерийских кадетов.

1834 — получил чин корнета в гвардейской гусарской страже.

1836 — работа над романом «Княгиня Лиговская». Драма в стихах «Маскарад».

1837 — начало широкой литературной известности в связи с написанием стихотворения «Смерть поэта», посвящённого гибели Пушкина. Арест и ссылка на Кавказ.

1838 — помилование и возвращение с Кавказа. Написаны поэмы «Мцыри», «Демон».

1840 — выходят два тома стихов и роман «Герой нашего времени». Из-за ссоры с сыном французского посла снова сослан на Кавказ. За храбрость в боях с горцами представлен к награде, но его кандидатура отведена царём.

1841 — поездка в Пятигорск на лечение водами. В результате ссоры с бывшим соучеником Н.С. Мартыновым убит на дуэли.

МОНОЛОГ

Пове́рь, ничто́жество есть бла́го в **зде́шнем све́те**. this world
К чему́ глубо́кие позна́нья, жа́жда сла́вы,
Тала́нт и пы́лкая любо́вь свобо́ды,
5   Когда́ мы их употреби́ть не мо́жем?
Мы, де́ти се́вера, как зде́шние расте́нья,
Цвете́м недо́лго, бы́стро увяда́ем...
Как со́лнце зи́мнее на се́ром **небоскло́не**,   sky
Так па́смурна жизнь на́ша. Так недо́лго
10   Её однообра́зное тече́нье...
И ду́шно ка́жется на ро́дине,
И се́рдцу тя́жко, и душа́ тоску́ет...
Не зна́я ни любви́, ни дру́жбы сла́дкой,
Средь бурь пусты́х томи́тся ю́ность на́ша,
15   И бы́стро зло́бы яд её **мрачи́т**,   darken
И нам горька́ **остылой жи́зни ча́ша**;   repelent goblet of life
И уж ничто́ души́ не весели́т.

1829

К ***

20   Не говори́: **одни́м высо́ким**   with the lofty only
Я на земле́ воспламене́н,
К нему́ лишь с чу́вством я глубо́ким
Бужу́ забы́той **ли́ры** звон;   lyre
Пове́рь: вели́кое земно́е
25   Разли́чно с мы́слями люде́й.
Сверши́ с успе́хом де́ло зло́е —
Вели́к; не удало́сь — злоде́й;
Среди́ **дружи́н необозри́мых**   innumerable troops
Был чуть не бог Наполео́н;
30   Разби́тый же в снега́х роди́мых
Безу́мцем **порица́ем** он;   reproved as
Внима́я шум воды́ прибре́жной,   listening
В изгна́ньи да́льнем он пога́с —
И что ж? — Коне́ц его́ мяте́жный
35   Не **отума́нил** на́ших глаз!..   moistened

1830

ОПАСЕ́НИЕ

Страши́сь любви́: она́ пройде́т,
Она́ мечто́й твой ум встрево́жит,
40   Тоска́ по ней тебя́ убье́т,
Ничто́ воскре́снуть не помо́жет.

Краса́, люби́мая тобо́й,
Тебе́ отда́ст, поло́жим, ру́ку...
Года́ мелькну́т... **лету́н седо́й**   (fig.) time
Ука́жет ве́чную разлу́ку...

5 И бе́ден, жа́лок бу́дешь ты,
Глядя́щий с кресл или́ поду́шки
На безобра́зные черты́
Твое́й **доку́чливой** стару́шки,   bothersome

Коль мы́сли о **былы́х лета́х**   past years
10 В твой ум **закра́дутся** поро́ю   sneak
И вспо́мнишь, как на сих щека́х
Игра́ло жи́знью молодо́ю...

Без дру́га лу́чше дни **влачи́ть**   linger out
И к сме́рти ра́достней клони́ться,
15 Чем два уда́ра выноси́ть
И се́рдцем о двои́х **круши́ться**!..   lament
                              1830

НО́ВГОРОД

Сыны́ снего́в, сыны́ славя́н,
20 Заче́м вы **му́жеством упа́ли**?   lost courage
Заче́м?.. Поги́бнет ваш тира́н,
Как все тира́ны погиба́ли!..
До на́ших дней при и́мени свобо́ды
Трепе́щет ва́ше се́рдце и кипи́т!..
25 Есть бе́дный **град**, там ви́дели наро́ды   town
Всё то, к чему́ тепе́рь ваш дух лети́т.
                              1830

ОДИНО́ЧЕСТВО

Как стра́шно жи́зни **сей** око́вы   this
30 Нам в одино́честве влачи́ть.
Дели́ть весе́лье все гото́вы —   share
Никто́ не хо́чет грусть дели́ть.
Оди́н я здесь, как царь возду́шный,
Страда́нья в се́рдце стеснены́.
35 И ви́жу, как, судьбе́ послу́шно,
Года́ ухо́дят, бу́дто сны;
И вновь прихо́дят с **позлащённой**,   gilded
Но той же ста́рою мечто́й.

И ви́жу гроб уединённый.
Он ждёт; что ж ме́длить над землёй?
Никто́ о том не **покруши́тся**,   will lament
И бу́дут (я уве́рен в том)
5   О сме́рти бо́льше весели́ться,
Чем о рожде́нии моём...

1830

МОЙ ДОМ

Мой дом везде́, где есть небе́сный свод,
10   Где то́лько слы́шны зву́ки пе́сен,
Всё, в чём есть и́скра жи́зни, в нём живёт,
Но для поэ́та он не те́сен.

До са́мых звёзд он кро́влей **досяга́ет**,   reaches
И от одно́й стены́ к друго́й
15   Далёкий путь, кото́рый измеря́ет
Жиле́ц не взо́ром, но душо́й.   tenant

Есть чу́вство пра́вды в се́рдце челове́ка,
Свято́е ве́чности зерно́:
Простра́нство без грани́ц, тече́нье ве́ка,
20   **Объе́млет** в кра́ткий миг оно́.   emraces

И **Всемогу́щим** мой прекра́сный дом   the Almighty
Для чу́вства э́того постро́ен,
И осуждён страда́ть я до́лго в нём,
И в нём лишь бу́ду я споко́ен.

25   *1830-31*

СТА́НСЫ   Stanzas

Мне люби́ть до моги́лы Творцо́м суждено́,
Но по во́ле того́ же Творца́
Всё, что лю́бит меня́, то поги́бнуть должно́,
Иль, как я же, страда́ть до конца́.
30   Моя́ во́ля наде́ждам **проти́вна** мои́м,   is opposed to
Я люблю́ и страшу́сь быть взаи́мно люби́м.

На пусты́нной скале́ **незабу́дка** весно́й   forget-me-not
    Одна́ без подру́г расцвела́,
И уда́рила бу́ря и дождь проливно́й,
    И как пре́жде **недви́жна** скала́;   motionless
5   Но краси́вый цвето́к уж на ней не блести́т,
    Он ве́тром надло́млен и гра́дом уби́т.

Так то́чно и я под уда́ром судьбы́,
    Как уте́с неподви́жен стою́,
Но **не мы́сли** никто́ перене́сть сей борьбы́,   don't hope
10   Если ру́ку пожмёт он мою́;
Я не чувств, но посту́пков свои́х **властели́н**,   master
Я несча́стлив пусть бу́ду — несча́стлив оди́н.

1830-31

МОЙ ДЕ́МОН

1

15

Собра́нье зол его́ стихи́я;   evil is his element
Нося́сь меж тёмных облако́в,
Он лю́бит бу́ри роковы́е
И пе́ну рек и шум дубро́в;   leafy groves
20   Он лю́бит па́смурные но́чи,
Тума́ны, бле́дную луну́,
Улы́бки го́рькие и **о́чи**   eyes
Безве́стные слеза́м и сну.   unfamiliar

2
/high society

К ничто́жным хла́дным то́лкам све́та   rumors
25   Привы́к прислу́шиваться он,
Ему́ смешны́ слова́ приве́та
И вся́кий **ве́рящий** смешо́н;   believer
Он чужд любви́ и сожале́нья,
30   Живёт он пи́щею земно́й,
Глота́ет жа́дно дым сраже́нья
И пар от кро́ви проли́той.

3

Роди́тся ли **страда́лец** но́вый,   sufferer
35   Он беспоко́ит дух отца́,
Он тут с насме́шкою суро́вой
И с ди́кой ва́жностью лица́;
Когда́ же кто́-нибудь **нисхо́дит**   steps down
В моги́лу с тре́петной душо́й,
40   Он час после́дний с ним прово́дит,
Но не **уте́шен** им больно́й.   comforted

4

И го́рдый де́мон **не отста́нет**,   will not let go
Пока́ живу́ я, от меня́
И ум мой озаря́ть он ста́нет
Лучо́м чуде́сного огня́;
Пока́жет о́браз соверше́нства
И вдруг отни́мет навсегда́
И, дав предчу́вствия блаже́нства,
Не даст мне сча́стья никогда́.

1830–31

НАДЕ́ЖДА

Есть пти́чка ра́я у меня́,
На кипари́се молодо́м
Она́ сиди́т во вре́мя дня,
Но петь ника́к не ста́нет днём;
Лазу́рь небе́с — её спина́,   azure
Голо́вка — **пу́рпур**, на крыла́х   purple
Пыль золоти́стая видна́,
Как отбле́ск у́тра в облака́х.
И то́лько что земля́ уснёт,
Оде́та мглой в ночно́й тиши́,
Она́ на ве́тке уж поёт
Так сла́дко, сла́дко для души́,
Что понево́ле тя́гость мук
Забу́дешь, **вне́мля** песне той,   listening
И се́рдцу ка́ждый ти́хий звук
Как гость прия́тен дорого́й;
И ча́сто в бу́рю я слыха́л
Тот звук, кото́рый так люблю́;
И я всегда́ наде́ждой **звал**   named
Певи́цу ми́рную мою́!

1831

ЧА́ША ЖИ́ЗНИ

1

Мы пьём из ча́ши **бытия́**   being
  С закры́тыми оча́ми,
Златы́е омочи́в края́
  Свои́ми же слеза́ми;

2
Когда́ же пе́ред сме́ртью с глаз
   Завя́зка упада́ет,   bandage
И всё, что обольща́ло нас,
   С завя́зкой исчеза́ет;

3
Тогда́ мы ви́дим, что пуста́
   Была́ злата́я ча́ша,
Что в ней напи́ток был — мечта́,
   И что она́ — не на́ша!

                      1831

ИСПОВЕДЬ   confession

Я ве́рю, обеща́ю ве́рить,
Хоть сам того́ не испыта́л,
Что мог мона́х не лицеме́рить
И жить, **как кля́твой обеща́л**;   according to his oath
Что поцелу́и и улы́бки
Люде́й кова́рны не всегда́,
Что **бли́жних** ма́лые оши́бки   fellow-men
Они́ проща́ют иногда́,
Что вре́мя ле́чит от страда́нья,
Что мир для сча́стья **сотворён**,   created
Что доброде́тель **не назва́нье**   not an empty word
И жизнь **побо́лее**, чем сон!..   more

Но ве́ре тёплой о́пыт хла́дный
Противоре́чит **ка́ждый миг**,   every moment
И ум, как пре́жде **безотра́дный**,   joyless
Жела́нной це́ли не дости́г;
И се́рдце, по́лно сожале́ний,
Храни́т в себе́ глубо́кий след
Уме́рших, но святы́х виде́ний —
И те́ни чувств, каки́х уж нет;
Его́ ничто́ не испуга́ет.
И то, что бы́ло б **яд други́м**,   poison to others
Его́ **живи́т**, его́ пита́ет   enlivens
Огнём язви́тельным свои́м.

                      1831

АНГЕЛ

По небу полуночи ангел летел
  И тихую песню он пел;
И месяц, и звёзды, и тучи толпой
  Внимали той песне святой.   listened
Он пел о блаженстве безгрешных духов
  Под **кущами** райских садов;   foliage
О Боге великом он пел, и хвала
  Его непритворна была.
Он душу **младую** в объятиях нёс   young
  Для мира печали и слёз;
И звук его песни в душе молодой
  Остался — без слов, но живой.
И долго на свете томилась она,
  Желанием чудным полна;
И звуков небес заменить не могли
  Ей скучные песни земли.

1831

ПАРУС

Белеет парус одинокий
В тумане моря голубом.
Что ищет он в стране далёкой?
Что **кинул** он в краю родном?   abandoned

Играют волны, ветер свищет,
И мачта гнётся и скрипит;
Увы! — он счастия не ищет
И не от счастия бежит!

Под ним струя светлей **лазури**,   azure
Над ним луч солнца золотой —
А он, мятежный, просит бури,
Как будто в бурях есть покой.

1832

* * *

Я жить хочу! хочу печали
Любви и счастию назло;
Они мой ум избаловали
И слишком сгладили **чело**.   forehead

Пора, пора насмешкам **света** high society
Прогнать спокойствия туман;
Что без страданий жизнь поэта?
И что без бури океан?
Он хочет жить ценою муки,
Ценой томительных забот.
Он покупает неба звуки,
Он **даром** славы не берёт. for free

1832

* * *

Как в ночь звезды **падучей** пламень, falling
Не нужен в мире я;
Хоть сердце тяжело, как камень,
Но всё под ним змея.

Меня спасало вдохновенье
От мелочных **сует**; vanities
Но от своей души спасенья
И в самом счастьи нет.

Молю о счастии, бывало...
Дождался, наконец —
И тягостно мне счастье стало,
Как для царя венец.

И, все мечты отвергнув, снова
Остался я один,
Как замка мрачного, пустого
Ничтожный **властелин**. master

1832

* * *

Нет, я не Байрон, я другой,
Ещё неведомый **избранник**, chosen
Как он гонимый миром **странник**, pilgrim
Но только с русскою душой.
Я раньше начал, кончу ране,
Мой ум не много совершит;
В душе моей, как в океане,
Надежд разбитых груз лежит.
Кто может, океан угрюмый,
Твои изведать тайны? Кто
Толпе мои расскажет думы?
Я — или Бог — или никто...

1832

*   *   *

Когда́ **волну́ется** желте́ющая ни́ва,   here: sways
И све́жий лес шуми́т при зву́ке ветерка́,
И пря́чется в саду́ мали́новая сли́ва
5   Под те́нью сла́достной зелёного листка́;

Когда́ росо́й обры́зганный души́стой,
Румя́ным ве́чером иль у́тра в час злато́й,   /lily of
Из-под куста́ мне **ла́ндыш** серебри́стый   the valley
Приве́тливо кива́ет голово́й;

10   Когда́ **студёный ключ** игра́ет по овра́гу   cold spring
И, погружа́я мысль в како́й-то сму́тный сон,
Лепе́чет мне таи́нственную **са́гу**   saga
Про ми́рный край, отку́да мчи́тся он, —

Тогда́ смиря́ется души́ мое́й трево́га,
15   Тогда́ расхо́дятся морщи́ны на **челе́**, —   forehead
И сча́стье я могу́ пости́гнуть на земле́,
И в небеса́х я ви́жу Бо́га.

                        1837

*   *   *

20   Гляжу́ на бу́дущность с боя́знью,
Гляжу́ на про́шлое с тоско́й
И, как престу́пник перед ка́знью,
Ищу́ круго́м **души́ родно́й**;   kindred soul
Придёт ли ве́стник избавле́нья
25   Откры́ть мне жи́зни назначе́нье,
Цель **упова́ний** и страсте́й,   hopes
Пове́дать — что мне Бог гото́вил,
Заче́м так го́рько **прекосло́вил**   contradicted
Наде́ждам ю́ности мое́й.

30   Земле́ я о́тдал **дань** земну́ю   tribute
Любви́, наде́жд, добра́ и зла;
Нача́ть гото́в я жизнь другу́ю,
Молчу́ и жду: **пора́ пришла́**;   it's time
Я в ми́ре не оста́влю бра́та,
35   И тьмой и хо́лодом объя́та
Душа́ уста́лая моя́;
Как ра́нний плод, лишённый со́ка,
Она́ увя́ла в бу́рях ро́ка
Под зно́йным со́лнцем бытия́.

40   *1837-38*

КАЗА́ЧЬЯ КОЛЫБЕ́ЛЬНАЯ ПЕ́СНЯ

Спи, младе́нец мой прекра́сный,
Ба́юшки-баю́.
Ти́хо смо́трит ме́сяц я́сный   moon
5   В колыбе́ль твою́.
Ста́ну ска́зывать я ска́зки,
Пе́сенку спою́;
Ты ж дремли́, закры́вши гла́зки,   doze
Ба́юшки-баю́.

10   По камня́м струи́тся Те́рек,*
Пле́щет му́тный вал;
Злой чече́н ползёт на бе́рег,   Chechen
То́чит свой кинжа́л;   sharpens
Но оте́ц твой — ста́рый во́ин,
15   Закалён в бою́:
Спи, малю́тка, будь споко́ен,   baby
Ба́юшки-баю́.

Сам узна́ешь, бу́дет вре́мя,
Бра́нное житьё;   martial life
20   Сме́ло вде́нешь но́гу в стре́мя   stirrup
И возьмёшь ружьё.
Я седе́льце боево́е   little saddle
Шёлком разошью́...
Спи, дитя́ моё родно́е,
25   Ба́юшки-баю́.

Богаты́рь ты бу́дешь с ви́ду   mighty warrior
И каза́к душо́й.
Провожа́ть тебя́ я вы́йду —
Ты махнёшь руко́й...
30   Ско́лько го́рьких слёз укра́дкой   secretly
Я в ту ночь пролью́!..
Спи, мой а́нгел, ти́хо, сла́дко,
Ба́юшки-баю́.

Ста́ну я тоско́й томи́ться,
35   Безуте́шно ждать;   inconsolably
Ста́ну це́лый день моли́ться,
По ноча́м гада́ть;

---

* A river in the Caucasus.

Стану думать, что скучаешь
    Ты в чужом краю...   foreign land
Спи ж, пока забот не знаешь,
    Баюшки-баю.

Дам тебе я на дорогу
    Образок святой   a little icon
Ты его, моляся Богу,
    Ставь перед собой;
Да готовясь в бой опасный,
    Помни мать свою...
Спи, младенец мой прекрасный,
    Баюшки-баю.

1838

ПОЭТ

Отделкой золотой блистает мой кинжал;
    Клинок надёжный, без порока;   blade
Булат его хранит таинственный закал —   damask steel
    Наследье бранного востока.   martial

Наезднику в горах служил он много лет,   horseman
    Не зная платы за услугу;
Не по одной груди провёл он страшный след
    И не одну прорвал кольчугу.   shirt of mail

Забавы он делил послушнее раба,   shared
    Звенел в ответ речам обидным.
В те дни была б ему богатая резьба   carving
    Нарядом чуждым и постыдным.

Он взят за Тереком отважным казаком
    На хладном трупе господина.
И долго он лежал заброшенным потом   forgotten
    В походной лавке армянина.   travelling shop

Теперь родных ножон, избитых на войне,   sheath
    Лишён героя спутник бедный:
Игрушкой золотой он блещет на стене —
    Увы, бесславной и безвредной!

Никто привычною, заботливой рукой
    Его не чистит, не ласкает,
И надписи его, молясь перед зарёй,
    Никто с усердьем не читает...   zealously

В наш век изнеженный не так ли ты, поэт,
    Своё утратил назначенье,
На злато променяв ту власть, которой **свет**   world
Внимал в немом благоговеньи?   listened

5   Бывало, мерный звук твоих могучих слов
        Воспламенял бойца для битвы;
    Он нужен был толпе, как чаша для пиров,
        Как **фимиам** в часы молитвы.   incense

    Твой стих, как Божий дух, носился над толпой;
10   И, отзыв мыслей благородных,
    Звучал, как колокол на башне вечевой,*
        Во дни торжеств и бед народных.

    Но скучен нам простой и гордый твой язык, —
        Нас **тешат** блёстки и обманы;   amuse
15 Как **ветхая краса**, наш ветхий мир привык worn beauty
        Морщины прятать под **румяны**...   blusher

    Проснёшься ль ты опять, осмеянный пророк?
        Иль никогда на голос **мщенья**   revenge
    Из золотых ножон не вырвешь свой клинок,
20   Покрытый **ржавчиной** презренья?   rust

                                          1838

ДУМА

    Печально я гляжу на наше поколенье!
    Его грядущее — иль пусто, иль темно,
25 Меж тем, под бременем познанья и сомненья,
    В бездействии состарится оно.
    Богаты мы, едва из **колыбели**,   cradle
    Ошибками отцов и поздним их умом,
    И жизнь уж нас томит, как ровный путь без цели,
30 Как пир на празднике чужом.
    К добру и злу постыдно равнодушны,
    В начале **поприща** мы вянем без борьбы;   walk of life
    Перед опасностью позорно-малодушны,
    И перед властию — презренные рабы.
35 Так тощий плод, **до времени** созрелый,   untimely
    Ни вкуса нашего не радуя, ни глаз,
    Висит между цветов, **пришлец осиротелый**. lonely stranger
    И час их красоты — его паденья час!

---

* Adjective of вече — popular assembly in medieval Russian towns.

　　　Мы иссуши́ли ум нау́кою беспло́дной,
　　　Тая́ зави́стливо от бли́жних и друзе́й　　　　hiding
　　　Наде́жды лу́чшие и го́лос благоро́дный
　　　Неве́рием осме́янных страсте́й.
5　　Едва́ каса́лись мы до ча́ши наслажде́нья,
　　　Но ю́ных сил мы тем не сберегли́;
　　　Из ка́ждой ра́дости, **боя́ся пресыще́нья,**　　fearing satiety
　　　Мы лу́чший сок наве́ки извлекли́.

　　　Мечты́ поэ́зии, созда́ния иску́сства
10　Восто́ргом сла́достным наш ум не шевеля́т;
　　　Мы жа́дно бережём в груди́ оста́ток чу́вства —
　　　Зары́тый ску́постью и беспле́зный **клад.**　　treasure
　　　И ненави́дим мы, и лю́бим мы случа́йно,
　　　Ниче́м не **же́ртвуя** ни зло́бе, ни любви́,　　sacrificing
15　И ца́рствует в душе́ како́й-то хо́лод та́йный,
　　　Когда́ ого́нь кипи́т в крови́.
　　　И **пре́дков** ску́чны нам роско́шные заба́вы,　　ancestors
　　　Их добросо́вестный, ребя́ческий развра́т;
　　　И к гро́бу мы спеши́м без сча́стья и без сла́вы,
20　Глядя́ насме́шливо наза́д.

　　　Толпо́й угрю́мою и ско́ро позабы́той,
　　　Над ми́ром мы пройдём без шу́ма и следа́,
　　　Не бро́сивши **века́м** ни мы́сли плодови́той,　　centuries
　　　Ни ге́нием нача́того труда́.
25　И прах наш, с стро́гостью судьи́ и граждани́на,
　　　Пото́мок оскорби́т презри́тельным стихо́м,
　　　Насме́шкой го́рькою обма́нутого сы́на
　　　Над **промота́вшимся** отцо́м.　　　　squandered
　　　　　　　　　　　　　　　　　1838

30　　　　　　　　　МОЛИ́ТВА

　　　В мину́ту жи́зни тру́дную,
　　　Тесни́тся ль в се́рдце грусть,　　　jostles
　　　Одну́ моли́тву чу́дную
　　　Твержу́ я наизу́сть.　　　　repeat

35　Есть си́ла благода́тная
　　　В созву́чьи слов живы́х,
　　　И ды́шит непоня́тная,
　　　Свята́я пре́лесть в них.

С души́ как **бре́мя ска́тится**, burden will roll off
Сомне́нье далеко́ —
И ве́рится, и пла́чется,
И так легко́, легко́...

1839

*   *   *

Как ча́сто, **пёстрою** толпо́ю окружён,   florid
Когда́ передо мно́й, как бу́дто бы сквозь сон,
    При шу́ме му́зыки и пля́ски,
При ди́ком шёпоте **затве́рженных** рече́й,   repetitious
Мелька́ют о́бразы безду́шные люде́й,
    Прили́чьем стя́нутые ма́ски,

Когда́ каса́ются холо́дных рук мои́х
С небре́жной сме́лостью краса́виц городски́х
    Давно́ **бестре́петные** ру́ки, —   dauntless
Нару́жно погружа́сь в их блеск и суету́,   outwardly
Ласка́ю я в душе́ стари́нную мечту́,
    Поги́бших лет святы́е зву́ки.

И е́сли ка́к-нибудь на миг уда́стся мне
Забы́ться — па́мятью к неда́вней старине́
    Лечу́ я во́льной, во́льной пти́цей;
И ви́жу я себя́ ребёнком; и круго́м
Родны́е всё места́: высо́кий ба́рский дом
    И сад с разру́шенной **тепли́цей**;   greenhouse

Зелёной се́тью трав **подёрнут** спя́щий пруд,   covered
А за прудо́м село́ дыми́тся — и встаю́т
    Вдали́ тума́ны над поля́ми.
В алле́ю тёмную вхожу́ я; сквозь кусты́
Гляди́т вече́рний луч, и жёлтые листы́
    Шумя́т под ро́бкими шага́ми.

И стра́нная тоска́ тесни́т уж грудь мою́:
Я ду́маю об ней, я пла́чу и люблю́,
    Люблю́ мечты́ мое́й созда́нье
С глаза́ми, по́лными лазу́рного огня́,   azure
С улы́бкой ро́зовой, как молодо́го дня
    За ро́щей пе́рвое сия́нье.

Так царства ди́вного всеси́льный господи́н —   wonderful
Я до́лгие часы́ проси́живал оди́н,
      И па́мять их жива́ поны́не
Под бу́рей тя́гостных сомне́ний и страсте́й,   burdensome
5   Как све́жий острово́к безвре́дно средь море́й
      Цвете́т на вла́жной их пусты́не.

Когда́ ж, опо́мнившись, обма́н я узнаю́
И шум толпы́ людско́й спугне́т мечту́ мою́,
      На пра́здник не́званную го́стью,
10   О, как мне хо́чется смути́ть весёлость их
И де́рзко бро́сить им в глаза́ желе́зный стих,
      Обли́тый го́речью и зло́стью.

1840

И СКУ́ЧНО И ГРУ́СТНО

15   И ску́чно и гру́стно, и не́кому ру́ку пода́ть
      В мину́ту душе́вной невзго́ды...   anxiety
Жела́нья!.. что по́льзы напра́сно и ве́чно жела́ть?..
      А го́ды прохо́дят — всё лу́чшие го́ды!

Люби́ть... но кого́ же?.. на вре́мя — не сто́ит труда́,   temporarily
20   А ве́чно люби́ть невозмо́жно.
В себя́ ли загля́нешь? — там про́шлого нет и следа́:
      И ра́дость, и му́ки, и всё там ничто́жно...

                                                                  /ailment
Что стра́сти? — ведь ра́но иль по́здно их сла́дкий неду́г
25   Исче́знет при сло́ве рассу́дка;
И жизнь, как посмо́тришь с холо́дным внима́ньем вокру́г, —
      Така́я пуста́я и глу́пая шу́тка...

1840

ТУ́ЧИ

30   Ту́чки небе́сные, ве́чные стра́нники!
Сте́пью лазу́рною, це́пью жемчу́жною
Мчи́тесь вы, бу́дто как я же изгна́нники   exiles
С ми́лого се́вера в сто́рону ю́жную.

Кто же вас го́нит: судьбы́ ли реше́ние?
35   За́висть ли та́йная, зло́ба ль откры́тая?
И́ли на вас тяготи́т преступле́ние?   you committed
И́ли друзе́й клевета́ ядови́тая?

Нет, вам наскучили **нивы** бесплодные...   fields
Чужды вам страсти и чужды страдания;
Вечно-холодные, вечно-свободные,
Нет у вас родины, нет вам изгнания.

5   *1840*

ИЗ ГЁТЕ

Горные вершины
Спят во тьме ночной;
Тихие долины
10   Полны свежей мглой;
Не **пылит** дорога,   raises dust
Не дрожат листы...
Подожди немного,
Отдохнёшь и ты.

15   *1840*

БЛАГОДАРНОСТЬ

За всё, за всё Тебя благодарю я:
За тайные мучения страстей,
За горечь слёз, **отраву** поцелуя,   poison
20   За месть врагов и клевету друзей;
За жар души, растраченный в пустыне,
За всё, чем я обманут в жизни был —
Устрой лишь так, чтобы Тебя отныне   arrange
Недолго я ещё благодарил.

25   *1840*

                    ❋   ❋   ❋

Есть речи — значенье
Темно иль ничтожно,   obscure
Но им без волненья
30   **Внимать** невозможно.   to listen

Как полны их звуки
Безумством желанья!
В них слёзы разлуки,
В них трепет свиданья.

35   Не встретит ответа
Средь шума **мирского**   worldly
Из пламя и света
Рождённое слово;

Но в хра́ме, средь бо́я
И где я ни бу́ду,
Услы́шав, его́ я
Узна́ю **повсю́ду**.   everywhere

Не ко́нчив моли́твы,
На звук тот отве́чу,
И **бро́шусь** из би́твы   I'll rush
Ему́ я навстре́чу.

1840

ЗАВЕЩА́НИЕ

Наедине́ с тобо́ю, брат,
Хоте́л бы я побы́ть:
На све́те ма́ло, говоря́т,
Мне остаётся жить!
Пое́дешь ско́ро ты домо́й:
Смотри́ ж... Да что? мое́й судьбо́й,
Сказа́ть по пра́вде, о́чень   to tell you the truth
Никто́ не озабо́чен.

А е́сли спро́сит кто-нибу́дь...
Ну, кто́ бы ни спроси́л,
Скажи́ им, что **навы́лет** в грудь   right through
Я пу́лей ра́нен был;
Что у́мер че́стно за царя́,
Что пло́хи на́ши **лекаря́**   doctors
И что родно́му кра́ю
Покло́н я посыла́ю.

Отца́ и мать мою́ **едва́ ль**   hardly
Заста́нешь ты в живы́х...
Призна́ться, пра́во, бы́ло б жаль
Мне опеча́лить их;
Но е́сли кто из них и жив,
Скажи́, что я писа́ть лени́в,
Что полк в похо́д посла́ли,
И чтоб меня́ не жда́ли.

Сосе́дка есть у них одна́...
Как вспо́мнишь, как давно́
Расста́лись!.. Обо мне́ она́
Не спро́сит... всё равно́.

Ты расскажи́ всю пра́вду ей,
Пусто́го се́рдца не жале́й;
Пуска́й она́ попла́чет...
Ей ничего́ не зна́чит! it won't mean much to her

5   *1840*

*   *   *

Выхожу́ оди́н я на доро́гу;
Сквозь тума́н **кремни́стый** путь блести́т; stony
Ночь тиха́. Пусты́ня **внемлет** Бо́гу,   listens
10   И звезда́ с звездо́ю говори́т.

В небеса́х торже́ственно и чу́дно!
Спит земля́ в сия́нье голубо́м...
Что же мне так бо́льно и так тру́дно?
Жду ль чего́? жале́ю ли о чём?

15   Уж не жду от жи́зни ничего́ я,
И не жаль мне про́шлого ничу́ть;
Я ищу́ свобо́ды и поко́я!
Я б хоте́л забы́ться и засну́ть!

Но не тем холо́дным сном моги́лы...
20   Я б жела́л наве́ки так засну́ть,
Чтоб в груди́ дрема́ли жи́зни си́лы,
Чтоб, дыша́, **вздыма́лась** ти́хо грудь;   rise
                                                  /cherishing
Чтоб всю ночь, весь день мой слух леле́я,
25   Про любо́вь мне сла́дкий го́лос пел,
Надо мно́й чтоб, ве́чно зелене́я,
Тёмный дуб склоня́лся и шуме́л.

1841

СОН

30   В полдне́вный жар в доли́не Дагеста́на
С **свинцо́м** в груди́ лежа́л недви́жим я;   lead
Глубо́кая ещё дыми́лась ра́на,
По ка́пле кровь **точи́лася** моя́.   oozed

Лежа́л оди́н я на песке́ доли́ны;
35   Усту́пы скал тесни́лися круго́м,
И со́лнце жгло их жёлтые верши́ны
И жгло меня́ — но спал я мёртвым сном.

И сни́лся мне сия́ющий огня́ми
Вече́рний пир в **роди́мой стороне́**.   motherland
Меж **ю́ных жён**, увенчанных **цвета́ми**,   women
Шёл разгово́р весёлый обо мне.

5   Но в разгово́р весёлый не вступа́я,
Сиде́ла там заду́мчиво одна́,
И в гру́стный сон душа́ её млада́я
Бог зна́ет чем была́ погружена́;

И сни́лась ей доли́на Дагеста́на;
10   Знако́мый труп лежа́л в доли́не той;
В его́ груди́ дымя́сь черне́ла ра́на,
И кровь ли́лась **хладе́ющей** струёй.   cooling down

1841

РО́ДИНА

15   Люблю́ отчи́зну я, но стра́нною любо́вью!
Не победи́т её рассу́док мой.
Ни сла́ва, ку́пленная кро́вью,
Ни по́лный го́рдого дове́рия поко́й,
Ни тёмной старины́ **заве́тные преда́нья**   cherished
20   Не шевеля́т во мне отра́дного мечта́нья.   legends

Но я люблю́ — за что, не зна́ю сам —
Её степе́й холо́дное молча́нье,
Её лесо́в безбре́жных колыха́нье,
Разли́вы рек её, подо́бные моря́м;
25   **Просёлочным путём** люблю́ скака́ть в теле́ге   country
И, взо́ром ме́дленным пронза́я но́чи тень,   road
Встреча́ть по сторона́м, вздыха́я о ночле́ге,
Дрожа́щие огни́ печа́льных дереве́нь.
Люблю́ дымо́к **спалённой жни́вы**,   burned
30   В степи́ ночу́ющий обо́з   stubble-field
И на холме́ средь жёлтой ни́вы
Че́ту беле́ющих берёз.   couple
С **отра́дой** мно́гим незнако́мой   joy
Я ви́жу по́лное **гумно́**,   barn
35   Избу́, покры́тую соло́мой,
С **резны́ми** ста́внями окно́;   carved
И в пра́здник, ве́чером **роси́стым**,   dewy
Смотре́ть до по́лночи гото́в
На пля́ску с то́паньем и сви́стом
40   Под го́вор пья́ных мужичко́в.

1841

* * *

На се́вере ди́ком стои́т одино́ко
На го́лой верши́не сосна́
И дре́млет, кача́ясь, и сне́гом сыпу́чим
Оде́та, как **ри́зой**, она́.　　　　chasuble

И сни́тся ей всё, что в пусты́не далёкой,
В том кра́е, где со́лнца восхо́д,
Одна́ и грустна́ на утёсе **горю́чем**　　burning
Прекра́сная па́льма растёт.

1841

УТЁС

Ночева́ла ту́чка золота́я
На груди́ утёса-велика́на;
У́тром в путь она́ умча́лась ра́но,
По лазу́ри ве́село игра́я;

Но оста́лся вла́жный след в **морщи́не**　crease
Ста́рого утёса. Одино́ко
Он стои́т, заду́мался глубо́ко
И тихо́нько пла́чет он в пусты́не.

1841

* * *

Проща́й, **немы́тая** Росси́я,　　　　unwashed
Страна́ рабо́в, страна́ госпо́д,
И вы, му́ндиры голубы́е,*
И ты, им пре́данный наро́д.

Быть мо́жет, за стено́й Кавка́за
Сокро́юсь от твои́х **паше́й**,**　　　pashas
От их всеви́дящего гла́за,
От их всеслы́шащих уше́й.

1841

---

* gendarmes
** Here, a euphemism of men in power.

ПРОРО́К

С тех пор как Ве́чный Судия́
Мне дал **всеве́денье** проро́ка,   omniscience
В оча́х люде́й чита́ю я
5   Страни́цы зло́бы и поро́ка.

Провозглаша́ть я стал любви́   declare
И пра́вды чи́стые уче́нья:
В меня́ все бли́жние мои́
Броса́ли бе́шено каме́нья.

10   Посы́пал пе́плом я **главу́**,   head
Из городо́в бежа́л я ни́щий,
И вот в пусты́не я живу́,
Как пти́цы, да́ром Бо́жьей пи́щи;*

Заве́т Предве́чного храня́,   behest of the Everlasting
15   Мне **тварь** поко́рна там земна́я;   creatures
И звёзды слу́шают меня́,
Луча́ми ра́достно игра́я.

Когда́ же че́рез шу́мный **град**   town
Я пробира́юсь торопли́во,
20   То ста́рцы де́тям говоря́т
С улы́бкою самолюби́вой:

«Смотри́те: вот приме́р для вас!
Он горд был, не ужи́лся с на́ми:
Глупе́ц, хоте́л уве́рить нас,
25   Что Бог **гласи́т** его́ **уста́ми**!   speaks; mouth

Смотри́те ж, де́ти, на него́:
Как он угрю́м и худ, и бле́ден!
Смотри́те, как он **наг** и бе́ден,   naked
Как презира́ют все его́!»
30

1841

---

* ...by the manna of Heaven;

Фёдор Иванович Тютчев

(1803-1873)

1803 — родился в старинной дворянской семье. Воспитывался под руководством поэта и переводчика С. Раича.

1819 — поступил на филологический факультет Московского университета.

1822 — начал службу в иностранной коллегии в Петербурге.

1822-37 — работает в русском посольстве в Мюнхене; затем был переведён в дипломатическую миссию в Турине.

1836 — цикл «Стихи, присланные из Германии» публикуется в пушкинском журнале «Современник» под инициалами «Ф.Т.».

1839 — смерть первой жены. Уехал, чтобы жениться во второй раз, не спросив разрешения на отъезд у начальства, за что был уволен со службы.

1839-44 — жизнь на Западе без службы. Знакомство с Шеллингом, Гейне и др.

1844 — возвращение в Россию. Получает должность председателя Комитета по иностранной цензуре. Принимает активное участие в общественной жизни, выступает с позиций патриотизма и монархизма.

1854 — выход первого сборника стихов под редакцией И.С. Тургенева.

1850-64 — любовная связь с Еленой Александровной Денисьевой (ей посвящён цикл стихов), которая по сути стала его неофициальной женой, родившей ему троих детей.

1872 — перенёс первое кровоизлияние в мозг, за которым последовали другие; умер в июне 1873.

ВИДЕ́НИЕ

Есть **не́кий** час, в ночи́, всеми́рного молча́нья,   certain
И в **о́ный** час явле́ний и чуде́с   that
Жива́я колесни́ца мирозда́нья
5   Откры́то ка́тится в **святи́лище** небе́с.   sanctuary

Тогда́ густе́ет ночь, как ха́ос на вода́х,
Беспа́мятство, как А́тлас,* да́вит су́шу; unconsciousness
Лишь Му́зы де́вственную ду́шу
В проро́ческих трево́жат бо́ги снах!

10   *1828-29*

ВЕСЕ́ННЯЯ ГРОЗА́

Люблю́ грозу́ в нача́ле ма́я,
Когда́ весе́нний, пе́рвый гром,
Как бы **резвя́ся** и игра́я,   gamboling
15   Грохо́чет в не́бе голубо́м.

Гремя́т **раска́ты** молоды́е,   peals of thunder
Вот до́ждик бры́знул, пыль лети́т,
Пови́сли **пе́рлы** дождевы́е,   pearls
И со́лнце ни́ти золоти́т.

20   С горы́ бежи́т пото́к **прово́рный**,   swift
В лесу́ не мо́лкнет пти́чий **гам**,   din
И гам лесно́й и шум наго́рный —
Всё **вто́рит** ве́село грома́м.   echoes

Ты ска́жешь: ве́треная Ге́ба,**
25   Кормя́ Зеве́сова*** орла́,
Громкокипя́щий ку́бок с не́ба,
Смея́сь, на зе́млю пролила́.

                             1828 (1854)

---

* In ancient Greek mythology, a titan holding the vault of heaven on his
30 shoulders.

    ** Hebe — an ancient Greek goddess of eternal youth who was the
official cupbearer of the gods.

    *** Zeus, also Jupiter, — god creating a thunder, in ancient Greek
mythology.

ПОСЛЕДНИЙ КАТАКЛИЗМ

Когда **пробьёт** последний час природы,   strike
Состав частей разрушится земных:
Всё **зримое** опять покроют воды,   visible
И Божий **лик** изобразится в них!   face

          1829

* * *

Как океан **объемлет** шар земной,   embraces
Земная жизнь кругом объята снами;
Настанет ночь — и звучными волнами
Стихия бьёт о берег свой.

То глас её: он **нудит** нас и **просит**...   voice; compel
Уж в пристани волшебный ожил **чёлн**;   boat
Прилив растёт и быстро нас уносит   rising tide
В неизмеримость тёмных волн.

    /vault
Небесный свод, горящий славой звёздной,   of heaven
Таинственно глядит из глубины, —
И мы плывём, пылающею бездной
Со всех сторон окружены.

          1830

БЕЗУМИЕ

Там, где с землёю обгорелой
Слился, как дым, небесный свод, —   blended
Там в беззаботности весёлой
Безумье жалкое живёт.

Под **раскалёнными** лучами,   scorching
Зарывшись в **пламенных** песках,   flaming
Оно стеклянными очами
Чего-то ищет в облаках.

То **вспрянет** вдруг и, чутким ухом   leaps up
Припав к растреснутой земле,
Чему-то **внемлет** жадным слухом   listens
С довольством тайным на **челе**.   forehead

И **мнит**, что слы́шит струй кипе́нье,   imagines
Что слы́шит **ток** подзе́мных вод,   flow
И колыбе́льное их пе́нье,
И шу́мный из земли́ исхо́д!..

5   *1830*

SILENTIUM!   silence (Lat.)

Молчи́, скрыва́йся и **таи́**   hide
И чу́вства и мечты́ свои́ —
Пуска́й в душе́вной глубине́
10 **Встаю́т и захо́дят оне́**   they rise and set down
Безмо́лвно, как звёзды в ночи́, —
Любу́йся и́ми — и молчи́.

Как се́рдцу вы́сказать себя́?
Друго́му как поня́ть тебя́?
15 Поймёт ли он, чем ты живёшь?
Мысль **изречённая** есть ложь.   said aloud
Взрыва́я, возмути́шь ключи́, —   turning up;
Пита́йся и́ми — и молчи́.   ´will grow muddy

Лишь жить в себе́ само́м уме́й —   only
20 Есть це́лый мир в душе́ твое́й
Таи́нственно-волше́бных дум;
Их оглуши́т нару́жный шум,
Дневны́е разго́нят лучи́, —
Внима́й их пе́нью — и молчи́!..   listen
25   *1830*

СОН НА МО́РЕ

И мо́ре и бу́ря кача́ли наш чёлн;
Я, со́нный, был пре́дан всей при́хоти волн.
Две **беспреде́льности** бы́ли во мне,   infinities
30 И мной своево́льно игра́ли оне́.
Вкруг меня́, как **кимва́лы**, звуча́ли скалы́,   cymbals
Оклика́лися ве́тры и пели валы́.   hailed one another
Я в ха́осе зву́ков лежал оглушён,
Но над ха́осом зву́ков носился мой сон.
35 Боле́зненно-я́ркий, волше́бно-немо́й,
Он ве́ял легко́ над гремя́щею тьмой.   /in fever-hot rays;
В луча́х огневи́цы разви́л он свой мир —   unfolded
Земля́ зелене́ла, свети́лся эфи́р,   /labyrinths;
Сады́-лавиринфы, **черто́ги, столпы́,**   palaces; pillars

И **со́нмы** кипе́ли безмо́лвной толпы́.   swarms

Я мно́го узна́л мне неве́домых лиц,   /saw;

Зрел **тва́рей** волше́бных, таи́нственных птиц,   creatures

По **вы́сям** творе́нья, как Бог, я шага́л,   heights

5 И мир подо мно́ю недви́жный сия́л.

Но все грёзы наскво́зь, как волше́бника вой,

Мне слы́шался гро́хот **пучи́ны** морско́й,   abyss

И в ти́хую о́бласть виде́ний и снов

Врыва́лася пе́на реву́щих вало́в.

10   *1833*

*   *   *

Душа́ моя́ — Эли́зиум* тене́й,

Тене́й безмо́лвных, све́тлых и прекра́сных,

Ни по́мыслам **годи́ны** бу́йной **сей**,   time; this

15 Ни ра́достям, ни го́рю не прича́стных.

Душа́ моя́ — Эли́зиум тене́й,

Что о́бщего меж жи́знью и тобо́ю?

Меж ва́ми, при́зраки мину́вших, лу́чших дней,

И сей бесчу́вственной толпо́ю?..

20   *1834-36*

*   *   *

О чём ты **во́ешь**, ветр ночно́й?

О чём так **се́туешь** безу́мно?..   lament

Что зна́чит стра́нный го́лос твой,

25 То глу́хо жа́лобный, то шу́мный?

Поня́тным се́рдцу языко́м

Тверди́шь о непоня́тной му́ке —

И **ро́ешь** и **взрыва́ешь** в нём   turn up

Поро́й **неи́стовые** зву́ки!..   furious

30 О, стра́шных пе́сен **сих** не пой   these

Про дре́вний ха́ос, про роди́мый!

Как жа́дно мир души́ ночно́й

Внима́ет по́вести люби́мой!   listens

---

35 * Elysium — in ancient mythology, a country of the happy where
shadows of heroes and the righteous live.

Из **смертной** рвётся он груди,   mortal
Он с беспредельным жаждет слиться!..
О, бурь заснувших не **буди** —   wake up
Под ними хаос шевелится!..

5   *1835*

*   *   *

Тени сизые **смесились**,   blended
Цвет **поблёкнул**, звук уснул —   faded
Жизнь, движенье **разрешились**   settled into

10 В сумрак зыбкий, в дальний гул...
Мотылька полёт **незримый**   invisible
Слышен в воздухе ночном...
Час тоски невыразимой!
Всё во мне, — и я во всём...

15 **Сумрак** тихий, сумрак сонный,   dusk
Лейся в глубь моей души!
Тихий, томный, благовонный,
Всё залей и **утиши**!   comfort
Чувства — **мглой** самозабвенья   darkness

20 Переполни через край!
Дай **вкусить** уничтоженья,   taste
С миром дремлющим смешай!

     1835

*   *   *

25 Что ты **клонишь** над водами,   lean
Ива, макушку свою?   willow
И дрожащими листами,
Словно жадными **устами**,   mouth
Ловишь **беглую** струю?..   running

30 Хоть **томится**, хоть трепещет   languishes
Каждый лист твой над струёй...
Но струя бежит и **плещет**   splashes
И, на солнце **нежась**, **блещет**,   enjoying; shines
И смеётся над тобой...

35   *1835*

＊ ＊ ＊

Люблю́ глаза́ твои́, мой друг,
С игро́й их пла́менно-чуде́сной,
Когда́ их **приподы́мешь** вдруг   raise slightly
И, сло́вно мо́лнией небе́сной,
Оки́нешь бе́гло це́лый круг...   look around

Но есть си́льней очарова́нья:
Глаза́ **поту́пленные ниц,**   cast downwards
В мину́ты стра́стного лобза́нья,   kiss
И сквозь опу́щенных ресни́ц
Угрю́мый, ту́склый **огнь** жела́нья...   fire

1836

ДЕНЬ И НОЧЬ

На мир таи́нственный духо́в,
Над э́той бе́здной безымя́нной,
Покро́в набро́шен **златотка́нный**   gold-woven
Вы́сокой во́лею бого́в.
День — **сей** блиста́тельный покро́в —   this
День, **земноро́дных** оживле́нье,   earth-born
Души́ боля́щей **исцеле́нье,**   cure
Друг челове́ков и бого́в!

Но **ме́ркнет** день — наста́ла ночь;   grows dark
Пришла́ — и с ми́ра роково́го
Ткань **благода́тную** покро́ва,   beneficial
Сорва́в, отбра́сывает прочь...
И бе́здна нам обнажена́
С свои́ми стра́хами и **мгла́ми,**   darkness
И нет прегра́д меж ей и на́ми —
Вот отчего́ нам ночь страшна́!

1839

＊ ＊ ＊

Свята́я ночь на небоскло́н взошла́
И день отра́дный, день любе́зный,
Как золото́й покро́в она́ **свила́, —**   has woven
Покро́в, наки́нутый над бе́здной.
И, как виде́нье, вне́шний мир ушёл...
И челове́к, как сирота́ бездо́мный,
Стои́т тепе́рь, и не́мощен, и гол,
Лицо́м к лицу́ пред про́пастию тёмной.

На самого́ себя́ поки́нут он —   abandoned
Упра́зднен ум и мысль осироте́ла —   annulled
В душе́ свое́й, как в бе́здне, погружён,
И нет извне́ опо́ры, ни преде́ла...   from outside
И чу́дится давно́ мину́вшим сном   seems
Тепе́рь ему́ всё све́тлое, живо́е...
И в чу́ждом, неразга́данном, ночно́м
Он узнаёт насле́дье роково́е.   legacy

1848-50

*   *   *

Неохо́тно и несме́ло
Со́лнце смо́трит на поля́.
Чу, за ту́чей прогреме́ло,   hark
Принахму́рилась земля́.   has frowned

Ве́тра тёплого поры́вы,
Да́льний гром и дождь поро́й...   sometimes
Зелене́ющие ни́вы
Зелене́е под грозо́й.

Вот проби́лась из-за ту́чи
Си́ней мо́лнии струя́ —
Пла́мень бе́лый и лету́чий
Окайми́л её края́.   bordered

Ча́ще ка́пли дождевы́е,   more often
Ви́хрем пыль лети́т с поле́й,
И раска́ты громовы́е   peals of thunder
Всё серди́тей и смеле́й.

Со́лнце раз ещё взгляну́ло
Исподло́бья на поля́,   from under the brows
И в сия́нье потону́ла
Вся смятённая земля́.   perturbed

1849

*   *   *

О, как уби́йственно мы лю́бим,
Как в бу́йной слепоте́ страсте́й
Мы то всего́ верне́е гу́бим,   destroy
Что се́рдцу на́шему миле́й!

Давно́ ль, гордя́сь свое́й побе́дой,
Ты говори́л: она́ моя́...
Год не прошёл — спроси́ и **све́дай**,   find out
Что уцеле́ло от неи́?

5   Куда́ **лани́т** дева́лись ро́зы,   cheeks
Улы́бка **уст** и блеск оче́й?   lips
Всё **опали́ли**, вы́жгли слёзы   singed
Горю́чей вла́гою свое́й.   burning

Ты по́мнишь ли, при ва́шей встре́че,
10 При пе́рвой встре́че роково́й,
Её волше́бный взор, и ре́чи,
И смех младе́нчески-живо́й?

И что ж тепе́рь? И где всё э́то?
И **долгове́чен** ли был сон?   long-lived
15 Увы́, как се́верное ле́то,
Был мимолётным го́стем он!

Судьбы́ ужа́сным пригово́ром
Твоя́ любо́вь для ней была́,
И **незаслу́женным** позо́ром   undeserved
20 На жизнь её она́ легла́!

Жизнь **отрече́нья**, жизнь страда́нья!   self-denial
В её душе́вной глубине́
Ей остава́лись вспомина́нья...
Но измени́ли и **оне́**.   they

25 И на земле́ ей ди́ко ста́ло,
Очарова́ние ушло́...
Толпа́, нахлы́нув, в грязь втопта́ла
То, что в душе́ её цвело́.

И что ж от до́лгого муче́нья,
30 Как **пепл**, сбере́чь ей удало́сь?   ashes
Боль, злу́ю боль **ожесточе́нья**,   bitterness
Боль без отра́ды и без слёз!

О, как уби́йственно мы лю́бим!
Как в бу́йной слепоте́ страсте́й
35 Мы то всего́ верне́е гу́бим,
Что се́рдцу на́шему миле́й!

1851

* * *

Недаром милосердным Богом
Пугливой птичка создана —
Спасенья верного залогом　　　　guarantee
5　Ей робость чуткая дана.

И нет для бедной пташки проку　　birdie; good
В свойстве с людьми, с семьёй людской... affinity
Чем ближе к ним, тем ближе к Року —
Несдобровать под их рукой...　　is doomed

10　Вот птичку девушка вскормила
От первых пёрышек, с гнезда,
Взлелеяла её, взрастила　　　　pampered
И не жалела, не щадила
Для ней ни ласки, ни труда.

15　Но как, с любовию тревожной,
Ты, дева, ни пеклась о ней,　　has cared
Наступит день, день непреложный — inevitable
Питомец твой неосторожный　　nursling
Погибнет от руки твоей...

20　　　　　　　　　　　　　　　1851

* * *

Смотри, как на речном просторе,
По склону вновь оживших вод,
Во всеобъемлющее море　　　all-embracing
25　За льдиной льдина вслед плывёт.

На солнце ль радужно блистая,
Иль ночью в поздней темноте,
Но все, неизбежимо тая,　　melting
Они плывут к одной мете.　　mark

30　Все вместе — малые, большие,
Утратив прежний образ свой,
Все — безразличны, как стихия, —
Сольются с бездной роковой!..

О, нашей мысли обольщенье,　　delusion
35　Ты, человеческое я,
Не таково ль твоё значенье,
Не такова ль судьба твоя?

　　　　　　　　　　　　　1851

* * *

Не осты́вшая от зно́ю,   swelter
Ночь ию́льская блиста́ла...
И над ту́склою землёю
Не́бо, по́лное грозо́ю,
Всё в зарни́цах трепета́ло...   summer lightnings

Сло́вно тя́жкие ресни́цы
Подыма́лись над землёю,
И сквозь бе́глые зарни́цы   passing
Чьи́-то гро́зные зени́цы   pupils of the eyes
Загора́лися поро́ю...

1851

* * *

В разлу́ке есть высо́кое значе́нье —
Как ни люби́, хоть день оди́н, хоть век,
Любо́вь есть сон, а сон — одно́ мгнове́нье,
И ра́но ль, по́здно ль пробужде́нье,
А до́лжен наконе́ц просну́ться челове́к...

1851

ВОЛНА́ И ДУ́МА

Ду́ма за ду́мой, волна́ за волно́й —   thought
Два проявле́нья стихи́и одно́й!
В се́рдце ли те́сном, в безбре́жном ли мо́ре,
Здесь — в заключе́нии, там — на просто́ре: captivity
То́т же всё ве́чный прибо́й и отбо́й,
То́т же всё при́зрак трево́жно-пусто́й!

1851

* * *

Чему́ моли́лась ты с любо́вью,
Что, как святы́ню, берегла́,
Судьба́ людско́му суесло́вью   idle talk
На поруга́нье предала́.   desecrated

Толпа́ вошла́, толпа́ вломи́лась   broke into
В святи́лище души́ твое́й,   sanctuary
И ты нево́льно постыди́лась
И тайн и жертв, досту́пных ей.

Ах, е́сли бы живы́е кры́лья
Души́, паря́щей над толпо́й,   soaring
Её спаса́ли от наси́лья
Бессме́ртной по́шлости людско́й!   banality

5

          1851-52

ПРЕДОПРЕДЕЛЕ́НИЕ   predestination

Любо́вь, любо́вь — гласи́т преда́нье —   legend says
Сою́з души́ с душо́й родно́й —
Их съедине́нье, сочета́нье,   uniting

10 И роково́е их слия́нье,
И... поеди́нок роково́й...   duel

И чем одно́ из них нежне́е
В борьбе́ нера́вной двух серде́ц,
Тем неизбе́жней и верне́е,

15 Любя́, страда́я, гру́стно мле́я,   growing numb
Оно́ изно́ет наконе́ц...   will pine away
          1851-52

     *   *   *

О, не трево́жь меня́ уко́рой справедли́вой!   reproach

20 Пове́рь, из нас из двух зави́дней часть твоя́:   lot
Ты лю́бишь и́скренне и пла́менно, а я —
Я на тебя́ гляжу́ с доса́дою ревни́вой.   chegrin

И, жа́лкий чароде́й, пе́ред волше́бным ми́ром, magician
Мной со́зданным сами́м, без ве́ры я стою́ —

25 И самого́ себя́, красне́я, сознаю́
Живо́й души́ твое́й безжи́зненным куми́ром.   idol
          1851-52

     *   *   *

Не говори́: меня́ он, как и пре́жде, лю́бит,

30 Как пре́жде, мно́ю дорожи́т...   values me
О, нет! он жизнь мою́ бесчелове́чно гу́бит,
Хоть, ви́жу, нож в руке́ его́ дрожи́т.

То в гне́ве, то в слеза́х, тоску́я, негоду́я,
Увлечена́, в душе́ уязвлена́,   hurt

35 Я стра́жду, не живу́... им, им одни́м живу́ я;   suffer
Но э́та жизнь — о, как горька́ она́!

/measures off

Он **ме́рит** во́здух мне так бе́режно и ску́дно,
Не ме́рят так и лю́тому врагу́...   cruel
Ох, я дышу́ ещё боле́зненно и тру́дно,
5   Могу́ дыша́ть, но жить уж не могу́.

1851-52

*   *   *

Я о́чи знал, — о, э́ти о́чи!   eyes
Как я люби́л их, — зна́ет Бог!
10   От их волше́бной, стра́стной но́чи
Я ду́шу оторва́ть не мог.

В **непостижи́мом** э́том взо́ре,   incomprehensible
Жизнь обнажа́ющем до дна,
Тако́е слы́шалося го́ре,
15   Така́я стра́сти глубина́!

Дыша́л он гру́стный, углублённый
В тени́ ресни́ц её густо́й,
Как наслажде́нье, утомлённый
И, как страда́нье, роково́й.

20   И в э́ти чу́дные мгнове́нья
Ни ра́зу мне не **довело́сь**   happened
С ним повстреча́ться без волне́нья
И любова́ться им без слёз.

1852

25   ПОСЛЕ́ДНЯЯ ЛЮБО́ВЬ

О, как **на скло́не на́ших лет**   in our declining years
Нежне́й мы лю́бим и суеве́рней...
Сия́й, сия́й, проща́льный свет
Любви́ после́дней, зари́ вече́рней!

30   Полне́ба **обхвати́ла** тень,   encompassed
Лишь там, на за́паде, бро́дит сия́нье, —
Поме́дли, поме́дли, вече́рний день,   slow down
Продли́сь, продли́сь, очарова́нье.

Пуска́й **скуде́ет** в жи́лах кровь,   grows scanty
35   Но в се́рдце не скуде́ет не́жность...
О ты, после́дняя любо́вь!
Ты и блаже́нство и безнаде́жность.

1852-54

*   *   *

О, вещая душа моя,   prophetic
О, сердце, полное тревоги,
О, как ты бьёшься на пороге
5   Как бы двойного бытия!..

Так, ты жилица двух миров!   resident
Твой день — болезненный и страстный,
Твой сон — пророчески-неясный,
Как откровение духов...   spiritual revelation

10   Пускай страдальческую грудь
Волнуют страсти роковые —
Душа готова, как Мария,
К ногам Христа навек прильнуть.   cling
1855

15   *   *   *

Эти бедные селенья,
Эта скудная природа —
Край родной долготерпенья,   land;
Край ты русского народа!   'long-suffering

20   Не поймёт и не заметит
Гордый взор иноплеменный,   foreign
Что сквозит и тайно светит   shows through
В наготе твоей смиренной.   humble

Удручённый ношей крестной,
25   Всю тебя, земля родная,
В рабском виде Царь Небесный
Исходил, благословляя.   walked all over
1855

       *   *   *

30   Есть в осени первоначальной
Короткая, но дивная пора: wonderful
Весь день стоит как бы хрустальный,
И лучезарны вечера...   resplendent

Где бодрый серп гулял и падал колос,   sickle
35   Теперь уж пусто всё — простор везде;
Лишь паутины тонкий волос
Блестит на праздной борозде.   idle

Пустеет воздух, птиц не слышно **боле**,   any longer
Но далеко ещё до первых зимних бурь,
И льётся чистая и тёплая **лазурь**   azure
На отдыхающее поле...

5
                                            1857

*   *   *

О, этот Юг, о, эта Ницца!..
О, как их блеск меня тревожит!
Жизнь, как подстреленная птица,

10 Подняться хочет — и не может...
Нет ни полёта, ни **размаху** —   spreading of wings
Висят поломанные крылья,
И вся она, прижавшись к **праху**,   earth
Дрожит от боли и бессилья...

15
                                            1864

*   *   *

Кто б ни был ты, но, встретясь с ней,
Душою чистой иль **греховной**   sinful
Ты вдруг почувствуешь живей,

20 Что есть мир лучший, мир духовный.
                                            1864

*   *   *

Весь день она лежала в **забытьи**,   unconsciosness
И всю её уж тени покрывали,

25 Лил тёплый летний дождь — его струи
      По листьям весело звучали.

И медленно **опомнилась** она,   came to her senses
И начала прислушиваться к шуму,
И долго слушала — увлечена,

30 Погружена в сознательную думу...   thought

И вот, как бы беседуя с собой,
Сознательно она проговорила
(Я был при ней, убитый, но живой):
      «О, как всё это я любила!»

35 . . . .

Люби́ла ты, и так, как ты, люби́ть —
Нет, никому́ ещё не удава́лось!
О Го́споди!.. и э́то *пережи́ть*...
И се́рдце **на клочки́** не разорва́лось...   to pieces

5

1864

*   *   *

Сего́дня, друг, пятна́дцать лет **мину́ло**   have passed
С того́ блаже́нно-роково́го дня,
Как ду́шу всю свою́ она́ **вдохну́ла**,   breathed into me
10   Как всю себя́ перелила́ в меня́.

И вот уж год, без жа́лоб, без упрёку,
Утра́тив всё, приве́тствую судьбу́...   having lost
Быть до конца́ так стра́шно одино́ку,
Как бу́ду одино́к в своём гробу́.

15

1865

НАКАНУ́НЕ ГОДОВЩИ́НЫ 4-ГО А́ВГУСТА 1864 ГО́ДА

Вот бреду́ я вдоль большо́й доро́ги
В ти́хом све́те **га́снущего** дня,   dying
Тяжело́ мне, замира́ют но́ги...
20   Друг мой ми́лый, ви́дишь ли меня́?

Всё темне́й, темне́е над землёю —
Улете́л после́дний о́тблеск дня...
Вот тот мир, где жи́ли мы с тобо́ю,
А́нгел мой, ты ви́дишь ли меня́?

25   За́втра день моли́твы и печа́ли,
За́втра па́мять роково́го дня...
А́нгел мой, где б ду́ши ни **вита́ли**,   hovered
А́нгел мой, ты ви́дишь ли меня́?

1865

30

*   *   *

Как хорошо́ ты, о мо́ре ночно́е, —
Здесь лучеза́рно, там **си́зо-тёмно**...   blue-grey
В лу́нном сия́нии, сло́вно живо́е,
Хо́дит, и ды́шит, и бле́щет оно́...

На бесконечном, на вóльном простóре
Блеск и движéние, грóхот и гром...
Тýсклым сияньем облитое мóре,   dull
Как хорошó ты в безлюдье ночнóм!   solitude

5 Зыбь ты великая, зыбь ты морскáя,   lop
Чей э́то прáздник так прáзднуешь ты?
Вóлны несýтся, гремя и сверкáя,
Чýткие звёзды глядя́т с высоты.   keen-eyed

В э́том волнéнии, в э́том сия́нье,
10 Весь, как во сне, я потéрян стою́ —
О, как охóтно бы в их обая́нье   charm
Всю потопил бы я дýшу свою́...

1865

*   *   *

15 Ночнóе нéбо так угрю́мо...
Заволоклó со всех сторóн.
То не угрóза и не дýма —
То вя́лый, безотрáдный сон.   joyless
Одни зарницы огневы́е,   summer lightnings
20 Воспламеня́ясь чередóй,
Как дéмоны глухонемы́е,   deaf-mute
Ведýт бесéду меж собóй.

Как по услóвленному знáку,   agreed
Вдруг нéба вспы́хнет полосá,
25 И бы́стро вы́ступят из мрáку
Поля́ и дáльние лесá —
И вот опя́ть всё потемнéло,
Всё стихло в чýткой темнотé —   sensitive
Как бы тайнственное дéло
30 Решáлось там — на высотé.

1865

*   *   *

Певýчесть есть в морских волнáх,   melodiousness
Гармóния в стихийных спóрах,
35 И стрóйный мусикийский шóрох   musical rustle
Струится в зы́бких камышáх.   passes; swaying

Невозмути́мый **строй** во всём,   imperturbable order
Созву́чье по́лное в приро́де, —
Лишь в на́шей при́зрачной свобо́де
Разла́д мы с не́ю сознаём.   discord

5   Отку́да, как разла́д возни́к?
И отчего́ же в о́бщем хо́ре
Душа́ не то поёт, что мо́ре,
И **ро́пщет** мы́слящий тростни́к?   grumbles

И от земли́ до кра́йних звезд
10   Всё безотве́тен и поны́не
Глас вопию́щего в пусты́не,   the voice of one crying
Души́ отча́янный проте́ст?   ′in the wilderness

1865

✿ ✿ ✿

15   Умо́м Росси́ю не поня́ть,
Арши́ном* о́бщим не изме́рить:
У ней осо́бенная **стать** —   character
В Росси́ю мо́жно то́лько ве́рить.

1866

20   <center>✿ ✿ ✿</center>

От жи́зни той, что бушева́ла здесь,
От кро́ви той, что здесь реко́й лила́сь,
Что уцеле́ло, что дошло́ до нас?
Два-три курга́на, ви́димых **подне́сь**...   to this day

25   Да два-три ду́ба вы́росли на них,
Раски́нувшись и широко́ и сме́ло.
Красу́ются, шумя́т, — и нет им де́ла,
Чей **прах**, чью па́мять ро́ют ко́рни их.   remains

Приро́да знать не зна́ет о было́м,
30   Ей чу́жды на́ши **при́зрачные** го́ды,   illusory
И перед ней мы сму́тно сознаём
Себя́ сами́х — лишь **грёзою** приро́ды.   day-dream

---

* Old Russian unit of measure, equivalent to 71 cm.

Поочерёдно всех своих детей,   in turn
Свершáющих свой пóдвиг бесполéзный,
Онá равнó привéтствует своéй   /all-consuming;
Всепоглощáющей и **миротвóрной** бéздной.   pacifying

1871

5

Афанасий Афанасьевич Фет

(1820-1892)

1820 — родился в имении Новосёлки, в Орловской губернии. Будучи внебрачным сыном дворянина Афанасия Шеншина, был впоследствии (в 1834 г.) лишён права на дворянство и вынужден носить фамилию матери, немки Шарлотты Фет. Учился в немецком частном пансионате в г. Вору (Эстония).

1838-44 — занятия на филологическом отделении Московского университета. Начало творческой деятельности.

1840 — первый сборник стихов «Лирический Пантеон».

1845-58 — чтобы получить титул дворянина, поступил на военную службу. Служил в разных провинциальных городах.

1850 — второй сборник стихотворений.

1853 — переведён в гвардию, что дало возможность часто посещать Санкт-Петербург. Знакомство с Тургеневым.

1856 — выход третьего сборника стихов с предисловием И. Тургенева.

1860 — после женитьбы на сестре известного критика В.П. Боткина приобрёл поместье и начал жизнь сельского помещика.

1873 — специальным постановлением Александра Второго Фету разрешено пользоваться фамилией отца — Шеншин.

1883 — выход сборника «Вечерние огни».

1885-92 — переводы произведений Шопенгауэра, древнеримских поэтов (Овидия, Вергилия и др.), «Фауста» Гёте. Дружба и переписка со Львом Толстым.

1889 — в качестве частичной компенсации за унижение, пережитое из-за потери дворянского звания в отроческие годы, указом царя получил титул придворного камергера. Работа над тремя томами воспоминаний.

1892 — умер в Москве.

* * *

Чу́дная карти́на,
Как ты мне родна́:   dear
Бе́лая равни́на,
По́лная луна́,

Свет небе́с высо́ких,
И блестя́щий снег,
И сане́й далёких
Одино́кий бег.

                              1842

* * *

Ску́чно мне ве́чно болта́ть о том, что высо́ко, прекра́сно;
Все э́ти то́лки меня́ то́лько к зево́те веду́т...   idle talks
Бро́сив педа́нтов, бегу́ с тобо́й побесе́довать, друг мой; leaving
Зна́ю, что в э́тих глаза́х, чёрных и у́мных глаза́х,
Бо́льше прекра́сного, чем в не́скольких стах фолиа́нтах, folios
Зна́ю, что сла́дкую жизнь пью с э́тих ро́зовых губ.
То́лько пчела́ узнаёт в цветке́ затаённую сла́дость.   hidden
То́лько худо́жник на всём чу́ет прекра́сного след.   senses

                              1842

У́ЗНИК   prisoner

Густа́я крапи́ва   stinging-nettle
Шуми́т под окно́м,
Зелёная и́ва   willow
Пови́сла шатро́м;   tent

Весёлые ло́дки
В дали́ голубо́й;
Желе́зо решётки
Визжи́т под пило́й.   squeals

Быва́лое го́ре   former
Усну́ло в груди́,
Свобо́да и мо́ре
Горя́т впереди́.

Приба́вилось ду́ха,
Зати́хла тоска́,
И слу́шает у́хо,
И пи́лит рука́.

                              1843

* * *

Я пришёл к тебе с приве́том,
Рассказа́ть, что со́лнце вста́ло,
Что оно́ горя́чим све́том
По листа́м **затрепета́ло**;　　　　　　began to flicker

Рассказа́ть, что лес просну́лся,
Весь просну́лся, ве́ткой ка́ждой,
Ка́ждой пти́цей **встрепену́лся**　　　spreads its wings
И весе́нней по́лон жа́ждой;

Рассказа́ть, что с той же стра́стью,
Как вчера́, пришёл я сно́ва,
Что душа́ всё так же сча́стью
И тебе́ служи́ть гото́ва;

Рассказа́ть, что отовсю́ду
На меня́ весе́льем **ве́ет**,　　　　　　blows
Что не зна́ю сам, что́ бу́ду
Петь — но то́лько пе́сня зре́ет.

1843

* * *

Непого́да — о́сень — ку́ришь,　　　bad weather
Ку́ришь — всё как бу́дто ма́ло.
Хоть чита́л бы, — то́лько чте́нье
Подвига́ется так вя́ло.　　　　　　progresses

Се́рый день ползёт лени́во,
И болта́ют нестерпи́мо
На стене́ часы́ стенны́е
Языко́м неутоми́мо.

Се́рдце **сты́нет** понемно́гу,　　　　grows cold
И у жа́ркого ками́на
Ле́зет в го́лову больну́ю
Всё така́я **чертовщи́на**!　　　　　　idiocy

Над дымя́щимся стака́ном
Остыва́ющего ча́ю,
Сла́ва Бо́гу, понемно́гу,
Бу́дто ве́чер, засыпа́ю...

1847

* * *

Шёпот, робкое дыханье,
   Трели соловья,   trills
Серебро и колыханье   swaying
   Сонного ручья,

Свет ночной, ночные тени,
   Тени без конца,
Ряд волшебных изменений   series
   Милого лица,

В дымных тучках пурпур розы,   purple
   Отблеск янтаря,
И лобзания, и слёзы,   kisses
   И заря, заря!..

                 1850

* * *

Что за ночь! Прозрачный воздух скован; bound
Над землёй клубится аромат.   swirls
О, теперь я счастлив, я взволнован,
О, теперь я высказаться рад!   express myself

Помнишь час последнего свиданья!
Безотраден сумрак ночи был;   cheerless
Ты ждала, ты жаждала признанья —
Я молчал: тебя я не любил.

Холодела кровь, и сердце ныло: ached
Так тяжка была твоя печаль;
Горько мне за нас обоих было,
И сказать мне правду было жаль.

Но теперь, когда дрожу и млею   grow numb
И, как раб твой, каждый взор ловлю,
Я не лгу, назвав тебя своею
И клянясь, что я тебя люблю.

                 1854

* * *

Ласточки пропали,   disappeared
А вчера зарёй
Всё грачи летали   rooks
Да как сеть мелькали
Вон над той горой.

С вечера всё спится,   feels sleepy
На дворе темно.
Лист сухой валится,
Ночью ветер злится
5   Да стучит в окно.

Лучше б снег да вьюгу
Встретить грудью рад!
Словно как с испугу
Раскричавшись, к югу
10   Журавли летят.   cranes

Выйдешь — поневоле   willy-nilly
Тяжело — хоть плачь!
Смотришь — через поле
Перекати-поле   tumble-weed
15   Прыгает, как мяч.

                                    1854

                    ❋   ❋   ❋

В темноте, на треножнике ярком
Мать варила черешни вдали...
20   Мы с тобой отворили калитку   opened
И по тёмной аллее пошли.

Шли мы розно. Прохлада ночная   apart
Широко между нами плыла,
Я боялся, чтоб в помысле смелом   intention
25   Ты меня упрекнуть не могла.

Как-то странно мы оба молчали
И странней сторонилися прочь...   shunned away
Говорила за нас и дышала
Нам в лицо благовонная ночь.   fragrant
30   *1856*

                ИВЫ И БЕРЁЗЫ

Берёзы севера мне милы, —   birches
Их грустный, опущённый вид,   downcast
Как речь безмолвная могилы,   mute
35   Горячку сердца холодит.   fever

Но **и́ва**, дли́нными листа́ми   willow
Упа́в на **ло́но** я́сных вод,   bossom
Дружне́й с мучи́тельными сна́ми
И до́льше в па́мяти живёт.

5   **Лия́** таи́нственные слёзы   pouring
По ро́щам и луга́м родны́м,
Про го́ре ше́пчутся берёзы
Лишь с ве́тром се́вера одни́м.

Всю зе́млю, гру́стно-сиротли́ва,
10   Счита́я ро́диной **скорбе́й**,   sorrows
Плаку́чая склоня́ет и́ва
Везде́ концы́ свои́х ветве́й.

                                        1856

             *   *   *

15   На сто́ге се́на но́чью ю́жной
Лицо́м ко **тве́рди** я лежа́л,   the firmament
И хор **свети́л**, живо́й и дру́жный,   heavenly bodies
Круго́м раски́нувшись, дрожа́л.

Земля́, как сму́тный сон нема́я,
20   **Безве́стно** уноси́лась прочь,   obscurely
И я, как пе́рвый жи́тель ра́я,
Оди́н в лицо́ уви́дел ночь.

Я ль нёсся к бе́здне полуно́чной
Иль **со́нмы** звёзд ко мне несли́сь?   throngs
25   Каза́лось, бу́дто в **дла́ни** мо́щной   palm
Над э́той бе́здной я пови́с.

И с замира́ньем и **смяте́ньем**   perturbation
Я **взо́ром** ме́рил глубину́,   with my gaze
В кото́рой с ка́ждым я мгнове́ньем
30   Всё **невозвра́тнее** тону́.   more irretrivably
                                        1857

ЕЩЁ МА́ЙСКАЯ НОЧЬ

Кака́я ночь! На всём кака́я **не́га**!   bliss
Благодарю́, родно́й полно́чный край!
35   Из ца́рства льдов, из ца́рства **вьюг** и сне́га   blizzards
Как свеж и чист твой вылета́ет май!

Кака́я ночь! Все звёзды до еди́ной
Тепло́ и кро́тко в ду́шу смо́трят вновь,   gently
И в во́здухе за пе́снью соловьи́ной
Разно́сится трево́га и любо́вь.

5   Берёзы ждут. Их лист **полупрозра́чный**   half-transparent
Засте́нчиво мани́т и те́шит взор.
Они́ дрожа́т. Так **де́ве новобра́чной**   bride
И ра́достен и чужд её **убо́р**.   dress

Нет, никогда́ нежне́й и бестеле́сней
10   Твой **лик**, о ночь, не мог меня́ **томи́ть**!   face; torment
Опя́ть к тебе́ иду́ с нево́льной пе́сней,
Нево́льной — и после́дней, мо́жет быть.

1857

МУ́ЗЕ

15   Надо́лго ли опя́ть мой у́гол посети́ла,
Заста́вила ещё **томи́ться** и люби́ть?   languish
Кого́ на э́тот раз собо́ю воплоти́ла?
Чьей ре́чью ла́сковой суме́ла подкупи́ть?

Дай ру́ку. Сядь. Зажги́ свой фа́кел вдохнове́нный.
20   Пой, до́брая! В тиши́ призна́ю го́лос твой
И ста́ну, **тре́петный, коленопреклоне́нный**,   timid; on my
Запомина́ть стихи́, пропе́тые тобо́й.   ′knees

Как сла́дко, позабы́в жите́йское волне́нье,
От чи́стых по́мыслов пыла́ть и потуха́ть,
25   Могу́чее твоё **учу́я** дунове́нье,   sensing; puff
И ве́чно де́вственным слова́м твои́м **внима́ть**.   hear

Пошли́, небе́сная, ноча́м мои́м бессо́нным   send
Ещё блаже́нных снов и сла́вы и любви́,
И не́жным и́менем, едва́ произнесённым,
30   Мой труд заду́мчивый опя́ть благослови́.

1857

*   *   *

Кака́я ночь! Как во́здух чист,
Как серебри́стый дре́млет лист,
35   Как тень черна́ прибре́жных **ив**,   willows
Как безмяте́жно спит зали́в,
Как не вздохнёт нигде́ волна́,
Как тишино́ю грудь полна́!

Полно́чный свет, ты тот же день:
Беле́й лишь блеск, черне́е тень,
Лишь то́ньше за́пах со́чных трав,
Лишь ум светле́й, **мирне́е** нрав,   more peaceful
5   Да вме́сто стра́сти хо́чет грудь
Вот э́тим во́здухом вздохну́ть.

1857

СТА́РЫЕ ПИ́СЬМА

Давно́ забы́тые, под лёгким сло́ем пы́ли,
10   Черты́ **заве́тные**, вы вновь передо мно́й   intimate
И в час **душе́вных мук** мгнове́нно воскреси́ли   soul torments
Всё, что давно́-давно утра́чено душо́й.

Горя́ огнём стыда́, опя́ть встреча́ют взо́ры
Одну́ дове́рчивость, наде́жду и любо́вь,
15   И **задуше́вных** слов побле́кшие узо́ры   cordial
От се́рдца моего́ к **лани́там** го́нят кровь.   cheeks

Я ва́ми осужде́н, свиде́тели немы́е
Ве́сны души́ мое́й и су́мрачной зимы́.
Вы те же све́тлые, святы́е, молоды́е,
20   Как в тот ужа́сный час, когда́ проща́лись мы.

А я дове́рился преда́тельскому зву́ку —
Как бу́дто вне любви́ есть в ми́ре что-нибу́дь! —
Я де́рзко оттолкну́л писа́вшую вас ру́ку,
Я осуди́л себя́ на ве́чную разлу́ку
25   И с хо́лодом в груди́ пусти́лся в да́льний путь.

Заче́м же с пре́жнею улы́бкой умиле́нья
Шепта́ть мне о любви́, гляде́ть в мой глаза́?
Души́ не воскреси́т и го́лос **всепроще́нья**,   all-forgiveness
Не смо́ет э́тих строк и жгу́чая слеза́.

30   *1859*

*   *   *

Я́рким со́лнцем в лесу́ пламене́ет костёр,
И, сжима́ясь, трещи́т **можжеве́льник**;   juniper
То́чно пья́ных гига́нтов столпи́вшийся хор,
35   Раскрасне́вшись, шата́ется **е́льник**.   fir-grove

Я и думать забыл про холодную ночь, —
До костей и до сердца прогрело;
Что смущало, колеблясь умчалося прочь,
Будто искры в дыму улетело.

5 Пусть на зорьке, всё ниже спускаясь, дымок   dawn
     Над золою замрёт сиротливо;   cinder
Долго-долго, до поздней поры огонёк
     Будет теплится скупо, лениво.

И лениво и скупо **мерцающий** день   glimmering
10   Ничего не укажет в тумане;
У холодной золы изогнувшийся пень
     Прочернеет один на поляне.

Но нахмурится ночь — разгорится костёр,
     И, **виясь**, затрещит можжевельник,   coiling
15 И, как пьяных гигантов **столпившийся** хор, crowded
     Покраснев, зашатается ельник.

                              ⟨1859⟩

КУПАЛЬЩИЦА

Игривый плеск в реке меня остановил.
20 Сквозь ветви тёмные узнал я над водою
Её весёлый **лик** — он двигался, он плыл, —   face
Я голову признал с тяжёлою косою.

Узнал я и наряд, взглянув на белый **хрящ**, cartilage
И превратился весь в смущенье и тревогу,
25 Когда красавица, прорвав кристальный плащ,
Вдавила в гладь песка младенческую ногу.

Она предстала мне на миг во всей красе,
Вся дрожью лёгкою объята и пугливой.
Так **пышут** холодом на утренней росе   blaze with
30 Упругие листы у лилии стыдливой.

                                1865

                 ✿   ✿   ✿

Кому венец: богине ль красоты
Иль в зеркале её изображенью?
35 Поэт смущён, когда **дивишься** ты   marvel
Богатому его воображенью.

Не я, мой друг, а Бо́жий мир бога́т,
В пыли́нке он леле́ет жизнь и мно́жит,   fosters
И что оди́н твой выража́ет взгляд,
Того́ поэ́т пересказа́ть не мо́жет.

5   *1865*

❋   ❋   ❋

То́лько встре́чу улы́бку твою́
Йли взгляд уловлю́ твой отра́дный, —   catch
Не тебе́ песнь любви́ я пою́,
10   А твое́й красоте́ ненагля́дной.   wondrous

Про певца́ по заря́м говоря́т,
Бу́дто ро́зу влюблённую тре́лью   trill
Восхваля́ть неумо́лчно он рад   incessantly
Над души́стой её колыбе́лью.

15   Но безмо́лствует, пы́шно чиста́,   keeps silence
Молода́я влады́чица са́да: mistress
То́лько пе́сне нужна́ красота́,
Красоте́ же и пе́сен не на́до.

                                  1873

20   СРЕДИ́ ЗВЁЗД

Пусть мчи́тесь вы, как я, поко́рны ми́гу,   obedient
Рабы́, как я, мне прирождённых числ,   destined
Но лишь взгляну́ на о́гненную кни́гу,
Не чи́сленный я в ней чита́ю смысл.

25   В венца́х, луча́х, алма́зах, как кали́фы,   caliphs
Изли́шние средь жа́лких нужд земны́х,
Незы́блемой мечто́й иерогли́фы,   hieroglyphs
Вы говори́те: «Ве́чность мы, — ты миг.

Нам нет числа́. Напра́сно мы́слью жа́дной
30   Ты ду́мы ве́чной догоня́ешь тень;   /impenetrable
Мы здесь гори́м, чтоб в су́мрак непрогля́дный
К тебе́ проси́лся беззака́тный день.   without sunset

Вот почему́, когда́ дыша́ть так тру́дно,
Тебе́ отра́дно так подня́ть чело́   forehead
35   С лица́ земли́, где всё темно́ и ску́дно,
К нам, в на́шу глубь, где пы́шно и светло́».

                                   1876

СМЕРТЬ

«Я жить хочу! — кричи́т он, **дерзнове́нный**, — insolent
Пуска́й обма́н! О, да́йте мне обма́н!»
И в мы́слях нет, что э́то лёд мгнове́нный,
А там, под ним — бездо́нный океа́н.

Бежа́ть? Куда́? Где пра́вда, где оши́бка?
Опо́ра где, чтоб ру́ки к ней **простёрть**? extend
Что ни расцвёт живо́й, что ни улы́бка, —
Уже́ под ни́ми торжеству́ет смерть.

Слепцы́ напра́сно и́щут, где доро́га,
Дове́рясь чувств слепы́м **поводыря́м**; guides
Но е́сли жизнь — база́р **крикли́вый** Бо́га, loud mouthed
То то́лько смерть — Его́ бессме́ртный храм.

1878

ALTER EGO

Как **лиле́я** гляди́тся в наго́рный руче́й, lily
Ты стоя́ла над пе́рвою пе́сней мое́й,
И была́ ли при э́том побе́да, и чья,
У ручья́ ль от цветка́, у цветка́ ль от ручья́?

Ты душо́ю младе́нческой всё поняла́,
Что́ мне вы́сказать та́йная си́ла дала́,
И хоть жизнь без тебя́ сужде́но мне **влачи́ть**, to drag
Но мы вме́сте с тобо́й, нас нельзя́ **разлучи́ть**. separate

Та трава́, что вдали́ на моги́ле твое́й,
Здесь на се́рдце, чем **ста́ре** оно́, тем свеже́й, older
И я зна́ю, **взгляну́вши** на звёзды поро́й, looking
Что **взира́ли** на них мы как бо́ги с тобо́й. gazed

У любви́ есть слова́, те слова́ не умру́т.
Нас с тобо́й ожида́ет осо́бенный суд;
Он суме́ет нас сра́зу в толпе́ различи́ть.
И мы вме́сте придём, нас нельзя́ разлучи́ть!

1878

*   *   *

Ты **отстрада́ла**, я ещё страда́ю, have suffered
Сомне́нием мне сужде́но дыша́ть,
И трепещу́, и се́рдцем избега́ю
Иска́ть того́, чего́ нельзя́ поня́ть.

А был рассве́т! Я по́мню, вспомина́ю
Язы́к любви́, цвето́в, ночны́х луче́й, —
Как не цвести́ всеви́дящему ма́ю   all-seeing
При о́тблеске родно́м таки́х оче́й!   eyes

5   Оче́й тех нет — и мне не стра́шны гро́бы,
Зави́дно мне безмо́лвие твоё,
И, не судя́ ни ту́пости, ни зло́бы,   stupidity
Скоре́й, скоре́й в твоё небытиё!

                                                    1878

10   *   *   *

        Это у́тро, ра́дость э́та,
        Эта мощь и дня и све́та,
            Этот си́ний свод,
        Этот крик и верени́цы,   strings
15   Эти ста́и, э́ти пти́цы,
            Этот го́вор вод,   murmur

        Эти и́вы и берёзы,   willows
        Эти кали — э́ти слёзы,
            Этот пух — не лист,
20   Эти го́ры, э́ти до́лы,   valleys
        Эти мо́шки, э́ти пчёлы,   midges
            Этот зык и свист,   loud cry

        Эти зо́ри без затме́нья,
        Этот вздох ночно́й селе́нья,
25   Эта ночь без сна,
        Эта мгла и жар посте́ли,
        Эта дробь и э́ти тре́ли,   drumming; trills
            Это всё — весна́.

                                                    1881

30   *   *   *

        То́лько в ми́ре и есть, что тени́стый
            Дре́млющих клёнов шатёр.   tent
        То́лько в ми́ре и есть, что лучи́стый
            Де́тски заду́мчивый взор.
35   То́лько в ми́ре и есть, что души́стый
            Ми́лой голо́вки убо́р.   finery
        То́лько в ми́ре и есть э́тот чи́стый
            Вле́во бегу́щий пробо́р.   parting (of the hair)
                                                    (1883)

СМЕ́РТИ

Я в жи́зни **обмира́л** и чу́вство э́то зна́ю,   have fainted;
Где му́кам всем коне́ц и сла́док **то́мный хмель**; drunkenness
Вот почему́ я вас без стра́ха ожида́ю,
Ночь безрассве́тная и ве́чная посте́ль!

Пусть головы́ мое́й рука́ твоя́ коснётся
И ты **сотрёшь** меня́ со спи́ска бытия́,   erase
И пред мои́м судо́м, поку́да се́рдце бьётся,
Мы си́лы ра́вные, и торжеству́ю я.

Ещё ты ка́ждый миг мое́й поко́рна во́ле,
Ты тень у ног мои́х, **безли́чный** при́зрак ты;   impersonal
Поку́да я дышу́ — ты мысль моя́, не бо́ле,
Игру́шка **ша́ткая** тоску́ющей мечты́.   shaky

1884

*　*　*

                           /screams of
До́лго сни́лись мне **во́пли рыда́ний** твои́х, —   weeping
То был го́лос оби́ды, бесси́лия плач;
До́лго, до́лго мне сни́лся тот ра́достный миг,
Как тебя́ умоли́л я — несча́стный пала́ч.

Проходи́ли года́, мы уме́ли люби́ть,
Расцвета́ла улы́бка, грусти́ла печа́ль;
Проноси́лись года́, — и пришло́сь уходи́ть: flew by
Уноси́ло меня́ в неизве́стную даль.

Подала́ ты мне ру́ку, спроси́ла: «Идёшь?»
Чуть в глаза́х я заме́тил две ка́пельки слёз;
Э́ти и́скры в глаза́х и холо́дную дрожь
Я в бессо́нные но́чи наве́к перенёс.

1886

*　*　*

Ты вся в огня́х. Твои́х **зарни́ц** summer lightnings
И я сверка́ньями укра́шен;
Под **се́нью** ла́сковых ресни́ц   canopy
Ого́нь небе́сный мне не стра́шен.

Но я бою́сь таки́х высо́т,
Где устоя́ть я не уме́ю.
Как сохрани́ть мне о́браз тот,
Что **при́дан** мне душо́й твое́ю?   imparted

Боюсь — на **блёклый** **óблик** мой   faded
Падёт твой взор **неблагосклóнный**, unfavorable
И я очнýсь перед тобóй
Угáсший вдруг и **опалённый**.   singed

                    1886

* * *

Из **дéбрей** тумáны несмéло   the wilds
Роднóе закрыли селó;
Но сóлнышком **вéшним** согрéло   spring
И вéтром их вдаль разнеслó.

Знать, дóлго скитáться **наскýча** it seems; bored
Над ширью земель и морéй,
На рóдину **тянется** тýча,   drifts
Чтоб тóлько поплáкать над ней.

                    1886

* * *

Как бéден наш язык! — Хочý и не могý. —
Не передáть тогó ни дрýгу, ни врагý,
Что **бýйствует** в грудú прозрáчною волнóю. creates
Напрáсно вéчное томлéние сердéц,   'uproar
И клóнит гóлову **маститую** мудрéц venerable
Пред этой лóжью роковóю.

Лишь у тебя, поэт, крылáтый слóва звук
Хватáет на летý и закрепляет вдруг
И тёмный бред душú, и трав неясный зáпах;
Так, для безбрéжного покúнув **скýдный дол**, barren vale
Летúт за облакá **Юпúтера** орёл,   Jupiter's
Сноп мóлнии неся мгновéнный в вéрных лáпах.

                    1887

* * *

Однúм толчкóм согнáть ладью живýю   boat
С **наглáженных** отлúвами песков, smoothed down
Однóй волнóй подняться в жизнь инýю, other
Учýять ветр с цветýщих берегóв,   to sense

Тосклúвый сон прервáть едúным звýком,
Упúться вдруг невéдомым, родным, to revel
Дать жúзни вздох, дать слáдость тáйным мýкам,
Чужóе вмиг почýвствовать свойм.

Шепну́ть о том, пред чем язы́к неме́ет,
Уси́лить **бой бестре́петных** серде́ц — beating; dauntless
Вот чем певе́ц лишь и́збранный владе́ет,
Вот в чём его и при́знак и вене́ц!

1887

*   *   *

/glimmers

Не ну́жно, не ну́жно мне **про́блесков** сча́стья,
Не ну́жно мне сло́ва и взо́ра уча́стья,   compassion
Оста́вь и **дозво́ль** мне рыда́ть!   let me
К горя́чему сно́ва прильну́в **изголо́вью,**   head of the bed
Позво́ль мне мое́й неразде́льной любо́вью,
Забы́в всё на све́те, дыша́ть!

Когда́ бы ты зна́ла, каки́м сиротли́вым,
Томи́тельно-сла́дким, безу́мно-счастли́вым
Я го́рем в душе́ опьянён, —
Безмо́лвно прошла́ б ты возду́шной **стопо́ю,**   step
Чтоб да́же свое́й **благово́нной стезёю**   fragrant; path
Больно́й не смути́ла мой сон.

Не так ли, **чуть** ро́ща оде́ться гото́ва,   as soon as
В весе́нние но́чи, — свети́ла дневно́го
Бои́тся крыла́тый певе́ц? —
И то́лько что су́мрак разго́нит **денни́ца,**   dawn
Смолка́ет заре́й **отрезвлённая** пти́ца, —   sobered
И сча́стью и пе́сне коне́ц.

1887

*   *   *

Как тру́дно повторя́ть живу́ю красоту́
Твои́х возду́шных очерта́ний;
Где си́лы у меня́ схвати́ть их на лету́
Средь **непреста́нных** колеба́ний?   incessant

Когда́ из-под ресни́ц пуши́стых на меня́
Блесну́т глаза́ с просве́том ла́ски,
Где ки́стью тре́петной я наберу́ огня́?
Где я возьму́ небе́сной кра́ски?

В усе́рдных по́исках всё ка́жется: вот-вот
Прие́млет та́йна лик знако́мый, — acquires; face
Но се́рдца бе́дного конча́ется полёт
Одно́й бесси́льною **исто́мой.**   lassitude

1888

Николай Алексеевич Некрасов

(1821-1878)

1821 — родился в селе Немирово Каменец-Подольской губернии. Детство провёл в поместье отца, недалеко от Москвы. Мать, по мнению большинства биографов, польского происхождения, пробудила в сыне ранний интерес к поэзии, привила сочувственное отношение к крестьянам, о которых он потом много писал.

1838 — был отправлен отцом в Петербург для поступления на военную службу, но, вопреки воле отца, поступил вольнослушателем в Университет. Отец отказался оказывать ему материальную поддержку, и Некрасову пришлось долгие годы бороться с нуждой.

1840 — первый сборник романтических стихов «Мечты и звуки».

1841-42 — знакомство с известным критиком В.Г. Белинским. Начинает работать в качестве книжного обозревателя в журнале «Отечественные записки».

1844 — под влиянием Белинского написаны первые «гражданские» стихи Некрасова: «На дороге» и «Родина».

1846 — вместе с друзьями приобрёл журнал «Современник» и стал его главным редактором. В этом журнале в течение двадцати лет печатались ведущие русские писатели: Достоевский, Толстой, Тургенев и др.

1846-66 — стихотворения и поэмы о судьбе русского крестьянина, в том числе «Несжатая полоса» и «Влас» (1854), «Забытая деревня» (1855), «На Волге» (1860), «Коробейники» (1861), «Мороз Красный Нос» и «Орина — мать солдатская» (1863), «Железная дорога» (1864), «Кому на Руси жить хорошо» (1863-77).

1856 — сборник «Стихотворения». Поэма «Саша».

1861-64 — сборники стихов; поэма «Коробейники».

1866 — цензура отдаёт распоряжение закрыть «Современник».

1867 — приобретает журнал «Отечественные записки» и превращает его в рупор демократической печати в России.

1872-73 — поэмы «Русские женщины» («Княгиня Трубецкая» и «Княгиня Волконская»).

1874-77 — лирические стихи.

1877 — выход сборника «Последние песни».

1878 — умирает после продолжительной болезни.

ТРÓЙКА

Что ты жáдно глядúшь на дорóгу   eagerly
В сторонé от весёлых подрýг?
Знать, забúло сердéчко тревóгу —   sounded the alarm
5   Всё лицó твоё вспы́хнуло вдруг.

И зачéм ты бежúшь тороплúво
За промчáвшейся трóйкой вослéд?..
На тебя́, подбочéнясь красúво,   arms akimbo
Загляде́лся проéзжий корнéт.   officer

10   На тебя́ загляде́ться не дúво,   no wonder
Полюбúть тебя́ кáждый не прочь: quite willing
Вьётся áлая лéнта игрúво
В волосáх твоúх, чёрных как ночь;

Сквозь румя́нец щекú твоéй смýглой
15   Пробивáется лёгкий пушóк,   shows
Из-под брóви твоéй полукрýглой
Смóтрит бóйко лукáвый глазóк.   lively

Взгляд одúн чернобрóвой дикáрки
Полны́й чар, зажигáющих кровь,   magic
20   Старикá разорúт на подáрки,
В сéрдце ю́ноши кúнет любóвь.   cast

Поживёшь и попрáзднуешь ввóлю,   to your heart's
Бýдет жизнь и полнá и легкá...   ´content
Да не то тебé пáло на дóлю: befell your lot
25   За неря́ху пойдёшь мужикá.   sloven

Завязáвши под мы́шки передник,   under armpits
Перетя́нешь урóдливо грудь,   will bind tightly
Бýдет бить тебя́ муж приверéдник   fastidious
И свекрóвь в три погúбели гнуть.   reduce to
30   ´submission
От рабóты и чёрной и трýдной
Отцветёшь, не успéвши расцвéсть,
Погрузúшься ты в сон непробýдный,   deep sleep
Бýдешь ня́нчить, рабóтать и есть.

35   И в лицé твоём, пóлном движéнья,
Пóлном жúзни, — поя́вится вдруг
Выражéнье тупóго терпéнья
И бессмы́сленный вéчный испýг.

И схоро́нят в сыру́ю моги́лу,   will bury
Как пройдёшь ты тяжёлый свой путь,
Бесполе́зно уга́сшую си́лу
И ниче́м не согре́тую грудь.

5   Не гляди́ же с тоско́й на доро́гу
И за тро́йкой восле́д не спеши́,   after
И тоскли́вую в се́рдце трево́гу
Поскоре́й навсегда́ заглуши́!

Не нагна́ть тебе́ бе́шеной тро́йки: catch up
10   Ко́ни кре́пки, и сы́ты, и бо́йки, —   spry
И ямщи́к под хмелько́м, и к друго́й   tipsy
Мчи́тся ви́хрем корне́т молодо́й...

1846

*   *   *

15   Когда́ из мра́ка заблужде́нья
Горя́чим сло́вом убежде́нья
Я ду́шу па́дшую извлёк   fallen
И, вся полна́ глубо́кой му́ки,
Ты прокляла́, лома́я ру́ки,
20   Тебя́ опу́тавший поро́к;

Когда́, забы́вчивую со́весть
Воспомина́нием казня́,   chastising
Ты мне передава́ла по́весть
Всего́, что бы́ло до меня́;

25   И вдруг, закры́в лицо́ рука́ми,
Стыдо́м и у́жасом полна́,
Ты разреши́лася слеза́ми,
Возмущена́, потрясена́, —

Верь: я внима́л не без уча́стья,   listened
30   Я жа́дно ка́ждый звук лови́л...
Я по́нял всё, дитя́ несча́стья!
Я всё прости́л и всё забы́л.

Заче́м же та́йному сомне́нью
Ты ежеча́сно предана́?   constantly
35   Толпы́ бессмы́сленному мне́нью
Уже́ль и ты покорена́?   (неужели)

Не верь толпе — пустой и лживой,
Забудь сомнения свои,
В душе болезненно-пугливой
Гнетущей мысли не таи!   oppressive

5   Грустя напрасно и бесплодно,
Не **пригревай** змей в груди   warm
И в дом мой смело и свободно
Хозяйкой полною войди!

                            1846

10   *   *   *

Еду ли ночью по улице тёмной,
Бури заслушаюсь в пасмурный день, —
Друг беззащитный, больной и бездомный,
Вдруг предо мной промелькнёт твоя тень!
15   Сердце сожмётся мучительной думой.
С детства судьба невзлюбила тебя:
Беден и зол был отец твой угрюмый,
Замуж пошла ты — другого любя.
Муж **тебе выпал** недобрый на долю: fell to your lot
20   С бешеным нравом, с тяжёлой рукой;
Не покорилась — ушла ты на волю,
Да не на радость сошлась и со мной...

Помнишь ты день, как больной и голодный
Я унывал, выбивался из сил?
25   В комнате нашей, пустой и холодной,
Пар от дыханья волнами ходил.
Помнишь ли труб **заунывные** звуки,   doleful
Брызги дождя, полусвет, полутьму?
Плакал твой сын, и холодные руки
30   Ты согревала дыханьем ему.
Он не смолкал — и **пронзительно звонок**   piercingly
Был его крик... Становилось темней;   ́ringing
Вдоволь поплакал и умер ребёнок...
Бедная! слёз безрассудных не лей!
35   С горя да с голоду завтра мы оба
Так же глубоко и сладко заснём;
Купит хозяин, с **проклятьем**, три гроба —   cursing
Вместе свезут и положат рядком...

В разных углах мы сидели угрюмо.
40   Помню, была ты бледна и слаба,

Зрела в тебе **сокровенная** дума,   secret
В сердце твоём совершалась борьба.
Я задремал. Ты ушла молчаливо,
Принарядившись, как будто к **венцу**,   wedding
5 И через час принесла торопливо
Гробик ребёнку и ужин отцу.
Голод мучительный мы утолили.
В комнате тёмной зажгли огонёк,
Сына одели и в гроб положили...
10 Случай нас выручил? Бог ли помог?
Ты не спешила с печальным признаньем,
    Я ничего не спросил,
Только мы оба глядели с рыданьем,
Только угрюм и озлоблен я был...

15 Где ты теперь? С нищетой **горемычной**   hapless
Злая тебя сокрушила борьба?
Или пошла ты дорогой обычной,
И роковая свершится судьба?
Кто ж защитит тебя? Все **без изъятья**   with no
20 Именем страшным тебя назовут,   ˊexception
Только во мне шевельнутся проклятья —
    И бесполезно замрут!..

1847

*   *   *

25 **Поражена** потерей невозвратной,   wounded
Душа моя уныла и слаба:
Ни гордости, ни веры благодатной —
Постыдное бессилие раба!

Ей всё равно — холодный сумрак гроба,
30 Позор ли, слава, ненависть, любовь, —
Погасла и спасительная злоба,
Что долго так разогревала кровь.

Я жду... но ночь не близится к рассвету,
И мёртвый мрак кругом... и та,
35 Которая воззвать могла бы к свету, —
Как будто смерть **сковала ей уста!**   locked her lips

Лицо без мысли, полное **смятенья**,   disarray
Сухие, напряжённые глаза —
И, кажется, зарёю обновленья
40 В них никогда не заблестит слеза.

1848

*　*　*

Вчера́шний день, часу́ в шесто́м,
　　Зашёл я на Сенну́ю;*
Там би́ли же́нщину кнуто́м,
　　Крестья́нку молоду́ю.

Ни зву́ка из её груди́,
　　Лишь бич свиста́л игра́я...
И Му́зе я сказа́л: «Гляди́!
　　Сестра́ твоя́ родна́я!»

　　　　　　　　　　　　　1848

*　*　*

Так э́то шу́тка? Ми́лая моя́,
　　Как боязли́в, как недога́длив я!
Я пла́кал над твои́м рассчи́танно-суро́вым,
　　Коро́тким и сухи́м письмо́м;
Ни ла́ской дру́жеской, ни открове́нным сло́вом
　　Ты се́рдца не пора́довала в нём.
Я спра́шивал: не де́мон ли раздо́ра
　　Твое́й руко́й насме́шливо води́л?
Я говори́л: «Когда́ б нас разлучи́ла ссо́ра, —　　if
　　Но так тяжёл, так го́рек, так уны́л,
Так не́жен был после́дний час разлу́ки...
　　Ещё твой друг забы́ть его́ не мог,
И вновь ему́ ты посыла́ешь му́ки
　　Сомне́ния, дога́док и трево́г, —
Скажи́, заче́м?.. Не ло́жью ли пусто́ю,
　　Рассе́янной досу́жей клевето́ю,　　idle
Возмущена́ душа́ твоя́ была́?
　　И, му́чима томи́тельным неду́гом,　　illness
Ты над свои́м отсу́тствующим дру́гом
　　Без оправда́нья суд произнесла́?
Или то был оди́н капри́з случа́йный,
　　Иль да́вний гнев?..» Неразреши́мой та́йной　　insoluble
Я му́чился: я пла́кал и страда́л;
　　В дога́дках ум испу́ганный блужда́л,
Я жа́лок был в отча́янье суро́вом...

---

* A square in St.-Petersburg.

Всему́ коне́ц! свои́м еди́ным сло́вом
Душе́ мое́й ты возврати́ла вновь
И пре́жний мир, и пре́жнюю любо́вь;
И се́рдце шлёт тебе́ благослове́нья,
5   Как ве́стнице нежда́нного спасе́нья...
    Так ня́ня в лес ребёнка заведёт
    И спря́чется сама́ за куст высо́кий;
    Встрево́женный, он и́щет и зовёт,   anxious
    И ме́чется в тоске́ жесто́кой,   rushes about
10   И па́дает, бесси́льный, на траву́...
    А ня́ня вдруг: ау́! ау!   halloo!
    В нём ра́достью внеза́пной се́рдце бьётся,
    Он всё забы́л, он пла́чет и смеётся,
    И пры́гает, и ве́село бежи́т,
15   И па́дает — и ня́ню не **брани́т**,   scold
Но к се́рдцу жмёт вино́вницу испу́га,
Как **от беды́ изба́вившего** дру́га... who saved from danger
1850

* * *

20   Мы с тобо́й бестолко́вые лю́ди:
    Что мину́та, то **вспы́шка** гото́ва!   burst
    Облегче́нье взволно́ванной гру́ди,   relief
    Неразу́мное, ре́зкое сло́во.

    Говори́ же, когда́ ты серди́та,
25   Всё, что ду́шу волну́ет и му́чит!
    Бу́дем, друг мой, серди́ться откры́то:
    Ле́гче мир и скоре́е **наску́чит**.   will bore

    Е́сли про́за в любви́ неизбе́жна,
    Так возьмём и с неё до́лю сча́стья:
30   По́сле ссо́ры так по́лно, так не́жно
    Возвраще́нье любви́ и **уча́стья**...   sympathy
1850

* * *

    Я не люблю́ иро́нии твое́й.
35   Оста́вь её **отжи́вшим** и не жи́вшим, the obsolete
    А нам с тобо́й, так горячо́ люби́вшим,
    Ещё оста́ток чу́вства сохрани́вшим, —
    Нам ра́но **предава́ться** ей!   to succumb

Пока́ ещё засте́нчиво и не́жно   shyly
Свида́ние продли́ть жела́ешь ты,
Пока́ ещё кипя́т во мне **мяте́жно**   restlessly
Ревни́вые трево́ги и мечты́ —
5   Не торопи́ **развя́зки** неизбе́жной!   outcome

И без того́ она́ не далека́:
Кипи́м сильне́й, после́дней жа́ждой по́лны,
Но в се́рдце та́йный хо́лод и тоска́...
Так о́сенью **бурли́вее** река́,   more turbulent
10   Но холодне́й бушу́ющие во́лны...

1850

＊   ＊   ＊

Блаже́н незло́бливый поэ́т,   blessed
В ком ма́ло **же́лчи**, мно́го чу́вства: bitterness
15   Ему́ так и́скренен приве́т
Друзе́й споко́йного иску́сства;

Ему́ сочу́вствие в толпе́,
Как ро́пот волн ласка́ет у́хо;
Он чужд сомне́ния в себе́ —
20   **Сей** пы́тки тво́рческого ду́ха;   this

Любя́ беспе́чность и поко́й,
Гнуша́ясь де́рзкою сати́рой,   abhoring
Он про́чно вла́ствует толпо́й
С свое́й миролюби́вой **ли́рой**.   lyre

25   Дивя́сь вели́кому уму́,
Его́ не го́нят, не **злосло́вят**,   bad mouth
И совреме́нники ему́
При жи́зни па́мятник гото́вят...

Но **нет поща́ды** у судьбы́   no mercy
30   Тому́, чей благоро́дный ге́ний
Стал **обличи́телем** толпы́,   denouncer
Её страсте́й и **заблужде́ний**.   delusions

Пита́я не́навистью **грудь**,   bosom
Уста́ вооружи́в сати́рой,   lips
35   Прохо́дит он **терни́стый** путь   thorny
С свое́й кара́ющею ли́рой.

Его преследуют хулы́:   slander
Он ло́вит зву́ки одобре́нья
Не в сла́дком ро́поте хвалы́,   grumble; praise
А в ди́ких кри́ках озлобле́нья.

5   И ве́ря и не ве́ря вновь
Мечте́ высо́кого призва́нья,
Он пропове́дует любо́вь
Вражде́бным сло́вом отрица́нья, —

И ка́ждый звук его́ рече́й
10   Плоди́т ему́ враго́в суро́вых,   produces
И у́мных и пусты́х люде́й,
Ра́вно клейми́ть его́ гото́вых.   to brand

Со всех сторо́н его́ кляну́т   curse
И, то́лько труп его́ уви́дя,
15   Как мно́го сде́лал он, пойму́т,
И как люби́л он — ненави́дя!

1852

❋   ❋   ❋

Замо́лкни, Му́за ме́сти и печа́ли!
20   Я сон чужо́й трево́жить не хочу́.
Дово́льно мы с тобо́ю проклина́ли.
        Оди́н я умира́ю — и молчу́.

К чему́ хандри́ть, опла́кивать поте́ри? to be depressed
        Когда́ б хоть ле́гче бы́ло от того́!
25   Мне самому́, как скрип тюре́мной две́ри,
        Проти́вны сто́ны се́рдца моего́.   disgusting

Всему́ коне́ц. Нена́стьем и грозо́ю   bad weather
        Мой тёмный путь не да́ром омрача́,   darkening
Не просветле́ет не́бо надо мно́ю,
30   Не бро́сит в ду́шу тёплого луча́...

Волше́бный луч любви́ и возрожде́нья!
        Я звал тебя́ — во сне и наяву́,
В труде́, в борьбе́, на рубеже́ паде́нья   edge
        Я звал тебя́ — тепе́рь уж не зову́.

Той бе́здны сам я не хоте́л бы ви́деть,
Кото́рую ты мо́жешь освети́ть...
То се́рдце не нау́чится люби́ть,
Кото́рое уста́ло ненави́деть.

5   1855

*   *   *

Пра́здник жи́зни — мо́лодости го́ды —
Я уби́л под тя́жестью труда́
И поэ́том, ба́ловнем свобо́ды,
10   Дру́гом ле́ни — не был никогда́.

Е́сли до́лго сде́ржанные **му́ки**,   suffering
Накипе́в, под се́рдце подойду́т,
Я пишу́: рифмо́ванные зву́ки
Наруша́ют мой обы́чный труд.

15   Всё ж они не ху́же пло́ской про́зы
И волну́ют мя́гкие сердца́,
Как внеза́пно хлы́нувшие слёзы
         С огорчённого лица́.

Но не **льщусь**, чтоб в па́мяти наро́дной   delude
20   Уцеле́ло что-нибу́дь из них...   ´myself
Нет в тебе́ поэ́зии свобо́дной,
Мой суро́вый, **неуклю́жий** стих!   awkward

Нет в тебе́ творя́щего иску́сства...
Но кипи́т в тебе́ жива́я кровь,
25   Торжеству́ет мсти́тельное чу́вство,
Догора́я, те́плится любо́вь, —

Та любо́вь, что до́брых прославля́ет,
Что клейми́т злоде́я и глупца́
И **венко́м терно́вым** наделя́ет   crown of thorns
30   Беззащи́тного певца́...
                                              1855

*   *   *

Внима́я у́жасам войны́,   heeding
При ка́ждой но́вой же́ртве бо́я
35   Мне жаль не дру́га, не жены́,
Мне жаль не самого́ геро́я...

Увы́! уте́шится жена́,   will calm down
И дру́га лу́чший друг забу́дет;
Но где-то есть душа́ одна́ —
Она́ до гро́ба по́мнить бу́дет!
Средь лицеме́рных на́ших дел   hypocritical
И вся́кой по́шлости и про́зы   banality
Одни́ я в ми́ре подсмотре́л   noticed
Святы́е, и́скренние слёзы —
То слёзы бе́дных матере́й!
Им не забы́ть свои́х дете́й,
Поги́бших на крова́вой ни́ве,   field
Как не подня́ть плаку́чей и́ве   willow
Свои́х пони́кнувших ветве́й...   drooped

1855

ПРОСТИ́

Прости́! Не по́мни дней паде́нья,   degradation
Тоски́, уны́нья, озлобле́нья, —
Не по́мни бурь, не по́мни слёз,
Не по́мни ре́вности угро́з!

Но дни, когда́ любви́ свети́ло   heavenly body
Над на́ми ла́сково всходи́ло
И бо́дро мы сверша́ли путь, —
Благослови́ и не забу́дь!

1856

*   *   *

В столи́цах шум, гремя́т вити́и,   orators
Кипи́т слове́сная война́,
А там, во глубине́ Росси́и —
Там векова́я тишина́.   eternal
Лишь ве́тер не даёт поко́ю
Верши́нам придоро́жных ив,
И выгиба́ются дуго́ю,   bend
Целу́ясь с ма́терью-землёю,
Коло́сья бесконе́чных нив...   fields

1857-58

БУНТ

...Скачу́, как **ви́хорь**, из Ряза́ни,   whirlwind
Явля́юсь: бунт во всей красе́,
Не пожале́л я кру́пной **бра́ни** —   foul language
5   И па́ли на коле́ни все!
Зада́вши стра́ху дерзнове́нным,   scaring the
Пошёл я хра́бро по ряда́м   ′insolent
И в кровь **коленопреклоне́нным**   on their knees
Коле́ном **ты́кал** по зуба́м...   kicked
10   *1858*

＊   ＊   ＊

Стихи́ мои́! Свиде́тели живы́е
За мир проли́тых слёз!
Роди́тесь вы в мину́ты роковы́е
15   Душе́вных **гроз**   thunderstorms
И бьётесь о сердца́ людски́е,
Как во́лны об утёс.

                                             1858

＊   ＊   ＊

20   Что ты, се́рдце моё, **расходи́лося**?..   got excited
Постыди́сь! Уж про нас **не впервой**   not for the
Сне́жным ко́мом прошла́-прокати́лася   ′first time
Клевета́ по Руси́ по родно́й.
Не **тужи́**! пусть растёт, прибавля́ется,   grieve
25   Не тужи́! как умрём,
Кто-нибу́дь и об нас **проболта́ется**   let slip
До́брым словцо́м.

                                             1860

＊   ＊   ＊

30   . . . . . . одино́кий, поте́рянный,
Я как в пусты́не стою́,
Го́рдо не кли́чет мой го́лос уве́ренный
Ду́шу родну́ю мою́.

Нет её в ми́ре. Те дни **минова́лися**,   passed
35   Как на призы́вы мои́
Чу́ткие се́рдцем друзья́ отзыва́лися,
Слы́шалось сло́во любви́.

Кто винова́т — у судьбы́ **не доспро́сишься**,   will not
Да и не всё ли равно́?   ´get answers
У мо́ря бро́дишь: «Не ве́рю, не бро́сишься! —
Вкра́дчиво ше́пчет оно́. —   insinuatingly

5   Где тебе́? Дру́жбы, любви́ и уча́стия
Ты ещё жа́ждешь и ждёшь.
Где́ тебе́, где́ тебе́! — ты не без сча́стия,
Ты не без ла́ски живёшь...

Ви́дишь, рассе́ялась ту́ча тума́нная,
10   Звёздочки вы́шли, горя́т?
Всё на тебя́, **голова́ бестала́нная**,   poor devil
Ла́сковым взо́ром глядя́т».

1860

ЧТО ДУ́МАЕТ СТАРУ́ХА,
15
КОГДА́ ЕЙ НЕ СПИ́ТСЯ

В по́зднюю ночь над уста́лой дере́внею
Сон непробу́дный цари́т,
То́лько стару́ху столе́тнюю, дре́внюю
Не посети́л он. — Не спит,

20   **Ме́чется** по́ печи, о́хает, **ма́ется**,   pines
Ждёт — не пою́т петухи́!
Вся́-то ей до́лгая жизнь представля́ется,
Всё́-то грехи́ да грехи́!

«**О́хти мне**! ча́сто **Влады́ку Небе́сного**   woe is me; Lord
25   Я искуша́ла грехо́м:
Ну́тко-се! С хо́ду-то, с хо́ду-то кре́стного*   well
Раз я ушла́ с парenько́м

В ро́щу... Вот то́-то! мы сма́лоду ду́рочки,   when
Ду́маем: ми́лостив Бог!   ´young
30   Раз у сосе́дки взяла́ из-под **ку́рочки**   chicken
Па́ру яи́чек... ох! ох!   /time of

В **стра́дную по́ру** больно́й притвори́лася — harvesting
Му́жа в **побы́вку** ждала́...   on his leave
35   С Фе́дей-солда́тиком чуть не слюби́лася...
С му́жем под пра́здник спала́.**

---

* Кре́стный ход — religious procession with crosses and banners.

** Sexual intercourse in the time of religious holidays was considered a sin.

Óхти мне... ох! угожý в преиспóднюю!   will fall into
Раз, как забрúли сынкá,*   'the inferno
Я возроптáла на блáгость Госпóднюю,   cried out
В пост испилá молокá, —   during the fast

5   Тó-то я грéшница! тó-то престýпница!
С гóря валáлась пьянá...
Бóжия мáтерь! Святáя застýпница!   protector
Вся́-то грешнá я, грешнá!..»

1863

10   *   *   *

Назовú мне такýю обúтель,
Я такóго углá не видáл,
Где бы сéятель твой и хранúтель,   sower
Где бы рýсский мужúк не стонáл.
15   Стóнет он по поля́м, по дорóгам,
Стóнет он по тюрьмáм, по острóгам,   gaols
В рудникáх, на желéзной цепи;
Стóнет он под овúном, под стóгом,   barn
Под телéгой, ночýя в степú;
20   Стóнет в сóбственном бéдном домúшке,
Свéту Бóжьего сóлнца не рáд;
Стóнет в кáждом глухóм городúшке
У подъéздов судóв и палáт.   chambers
Выдь на Вóлгу: чей стон раздаётся
25   Над велúкою рýсской рекóй?
Этот стон у нас пéсней зовётся —
То бýрлаки идýт бечевóй!..   barge haulers
Вóлга! Вóлга! Веснóй многовóдной   'towpath
Ты не так заливáешь поля́,
30   Как велúкою скóрбью нарóдной
Перепóлнилась нáша земля́. —
Где нарóд, там и стон... Эх, сердéчный!
Что же знáчит твой стон бесконéчный?
Ты проснёшься ль, испóлненный сил,
35   Иль, судéб повинýясь закóну,   lot
Всё, что мог, ты ужé совершúл, —
Сóздал пéсню, подóбную стóну,
И духóвно навéки почúл?..   passed away

---

40   * Son was shaved — euphemism for conscription (the conscripts' heads were shaved).

ЗЕЛЁНЫЙ ШУМ

Идёт-гудёт Зелёный Шум,
Зелёный Шум, весенний шум!

Играючи расходится   playfully
5 Вдруг ветер верховой:
Качнёт **кусты ольховые**,   alder
Подымет пыль цветочную,
Как облако: всё зелено,
И воздух, и вода!

10 Идёт-гудёт Зелёный Шум,
Зелёный Шум, весенний шум!

Скромна моя хозяюшка
Наталья Патрикеевна,
Воды не замутит!   she gives me no trouble
15 Да с ней беда случилася,
Как лето жил я в Питере...
Сама сказала, глупая,
Типун ей на язык!*****

В избе **сам-друг** с обманщицей   together
20 Зима нас заперла,
В мои глаза суровые
Глядит — молчит жена.
Молчу... а дума **лютая**   ferocious
Покоя не даёт:
25 Убить... так жаль сердечную!
Стерпеть — так силы нет!
А тут зима **косматая**   shaggy
Ревёт и день и ночь:
«Убей, убей изменницу!
30 Злодея изведи!
Не то весь век **промаешься**,   will suffer
Ни днём, ни долгой ноченькой
Покоя не найдёшь.
В глаза твои бесстыжие
35 Соседи **наплюют**!..»   will spit

---

* She should have kept her trap shut! (literally: pip on tongue) — a swearing wishing a pip on one's tongue for predicting something bad.

Под песню-**вьюгу** зимнюю   blizzard
Окрепла **дума лютая** —   cruel thought
Припас я **вострый** нож...   sharp
Да вдруг весна **подкралася**...   sneaked up

5   Идёт-гудёт Зелёный Шум,
Зелёный Шум, весенний шум!

Как молоком облитые,
Стоят сады вишнёвые,
Тихохонько шумят;   gently
10   Пригреты тёплым солнышком
Шумят повеселелые
Сосновые леса;
А рядом новой зеленью
Лепечут песню новую   babble
15   И **липа** бледнолистая,   lime-tree
И белая берёзонька
С зеленою **косой**!   braid
Шумит тростинка малая,
Шумит высокий **клён**...   maple
20   Шумят они по-новому,
По-новому, весеннему...

Идёт-гудёт Зелёный Шум,
Зелёный Шум, весенний шум!

Слабеет дума лютая,
25   Нож валится из рук,
И всё мне песня слышится
Одна — в лесу, в лугу;
«Люби, **покуда** любится,   as long as
Терпи, покуда терпится,
30   **Прощай**, пока прощается,   forgive
И — Бог тебе судья!»

1863

КАТЕРИНА

Вянет, пропадает красота моя!
35   От **лихого** мужа нет в дому житья.   evil

Пьяный всё колотит, трезвый всё ворчит,
Сам **что ни попало из дому тащит**!   steals everything
     ́from the house
Не того ждала я, как я шла **к венцу**!   to my wedding
40   К брату я ходила, **плакалась** отцу,   complained

Пла́калась сосе́дям, пла́калась **родно́й**,   to my dear
Лю́ди не жале́ют — ни чужо́й, ни свой!   ´mother

«Потерпи́, родна́я, — старики́ тверд́ят, —
Ми́лого **побо́и** не до́лго боля́т!»   beatings

5 «Потерпи́, сестри́ца! — отвеча́ет брат. —
Ми́лого побо́и не до́лго боля́т!»

Есть солда́тик Фе́дя, да́льняя родня́,
Он оди́н жале́ет, лю́бит он меня́;

Подмигну́ я Фе́де, — с Фе́дей мы вдвоём
10 Далеко́ **хлеба́ми** за село́ уйдём.   through the fields

Всю откро́ю ду́шу, вы́плачу печа́ль,
Всё отда́м я Фе́де — всё, чего не жаль!

«Где ты **пропада́ла?**» — спро́сит муженёк.   vanish
«Где была́, там не́ту! та́к-то, мил дружо́к!

15 Посмотре́ть ходи́ла, высока́ ли рожь!»
— «Ах ты ду́ра ба́ба! ты ещё и врёшь...»

Ста́нет горячи́ться, ста́нет **попрека́ть**...   reproach
Пусть его́ брани́тся, **мне не привыка́ть!**   I am used to it

А и поколо́тит — не велик **накла́д** —   loss
20 Ми́лого побо́и не до́лго боля́т!

С РАБО́ТЫ

«Здра́вствуй, хозя́юшка! Здра́вствуйте, де́тки!
Вы́пить бы. Эки стоя́т холода́!»   what a...
— «Ин ты забы́л, что **наме́дни после́дки** lately; leftovers
25 Вы́пил с **деся́тником?**» — «Ну, не беда́!   foreman

И без вина́ отогре́юсь я, гре́шный,
Ты **обряди́-ка** савра́ску,* жена́,   harness
Поголода́л он весно́ю, **серде́чный**,   my dear
Как подобра́лись сена́.   when hay was gone

---

30 * Light brown horse with black mane and tale.

Эк я ума́ялся!.. Что, обряди́ла?　　　got tired as hell
　Дай-ка горя́ченьких ще́ц».　　　cabbage soup (dim.)
— «Пе́чи я ны́нче, родно́й, не топи́ла,
　Не́ было, зна́ешь, дрове́ц!»　　　firewood (dim.)

5　— «Ну и без ще́й поснеда́ю я, гре́шный.　　　will dine
　Ты овеца́ бы савра́ске дала́, —　　　oats (dim.)
В ле́то оди́н он упра́вил, серде́чный,　　　worked up
　Па́шни четы́ре тягла́.　　　strips of land

Тру́дно и ны́нче нам с брёвнами бы́ло,
10　По́ртится путь... Ин и хле́бушка нет?..»　Is it really
— «Вы́шел, родно́й... У сосе́дей проси́ла,　it's used up
　За́втра сули́ли чем свет!»　promised in the morning

— «Ну, и без хле́ба уля́гусь я, гре́шный.　　　go to bed
　Кинь под савра́ску соло́мки, жена́!
15　В зи́му-то вы́вез он, вы́вез, серде́чный,
　Три́ста четы́ре бревна́...»

　　　　　　　　　　　　　　　1867

МАТЬ

Она́ была́ испо́лнена печа́ли,
20　И ме́жду тем, как шу́мны и резвы́　when; lively
Три о́трока вокру́г неё игра́ли,　　　boys
Её уста́ заду́мчиво шепта́ли:　　　lips
«Несча́стные! заче́м роди́лись вы?
Пойдёте вы доро́гою прямо́ю
25　И вам судьбы́ свое́й не избежа́ть!»
Не омрача́й весе́лья их тоско́ю,
Не плачь над ни́ми, му́ченица-мать!
Но говори́ им с мо́лодости ра́нней:
Есть времена́, есть це́лые века́,
30　В кото́рые нет ничего́ жела́нней,
Прекра́снее — терно́вого венка́...　crown of thorns
　　　　　　　　　　　　　　　1868

У́ТРО

Ты грустна́, ты страда́ешь душо́ю:
35　Ве́рю — здесь не страда́ть мудрено́.　　　difficult
С окружа́ющей нас нището́ю
Здесь приро́да сама́ заодно.

Бесконечно унылы и жалки
Эти пастбища, нивы, луга,   fields
Эти мокрые, сонные галки,   jackdaws
Что сидят на вершине стога;

5   Эта кляча с крестьянином пьяным,   jade
Через силу бегущая вскачь   with great effort
В даль, сокрытую синим туманом,
Это мутное небо... Хоть плачь!

Но не краше и город богатый: no better
10   Те же тучи по небу бегут;
Жутко нервам — железной лопатой
Там теперь мостовую скребут.

Начинается всюду работа;
Возвестили пожар с каланчи;   watch-tower
15   На позорную площадь кого-то
Повезли — там уж ждут палачи.

Проститутка домой на рассвете
Поспешает, покинув постель;   hurries
Офицеры в наёмной карете
20   Скачут за город: будет дуэль.

Торгаши просыпаются дружно
И спешат за прилавки засесть:
Целый день им обмеривать нужно,   to cheat in
Чтобы вечером сытно поесть.   measuring

25   Чу! из крепости грянули пушки: hark
Наводненье столице грозит...
Кто-то умер: на красной подушке
Первой степени Анна* лежит.

Дворник вора колотит — попался!
30   Гонят стадо гусей на убой;   slaughter
Где-то в верхнем этаже раздался
Выстрел — кто-то покончил с собой... committed
                                                          ´suicide

1872

---

35   * The order of St. Anna in tsarist Russia.

ПРОРО́К

Не говори́: «Забы́л он осторо́жность!
Он бу́дет сам судьбы́ свое́й вино́й!...»   his lot will
Не ху́же нас он ви́дит невозмо́жность   'be his fault
5   Служи́ть добру́, не же́ртвуя собо́й.

Но лю́бит он возвы́шенней и ши́ре,
В его́ душе́ нет по́мыслов **мирски́х**.   wordly
«Жить для себя́ возмо́жно то́лько в ми́ре,
Но умере́ть возмо́жно для други́х!»

10   Так мы́слит он — и смерть ему́ **любе́зна**.   dear to him
Не ска́жет он, что жизнь его́ нужна́,
Не ска́жет он, что ги́бель бесполе́зна:
Его́ судьба́ давно́ ему́ ясна́...

Его́ ещё **пока́мест** не распя́ли,   so far
15   Но час придёт — он бу́дет на кресте́;
Его́ посла́л бог Гне́ва и Печа́ли
Раба́м земли́ напо́мнить о Христе́.

                                        1874

ЗИ́НЕ

20   Ты ещё на жизнь име́ешь пра́во,
Бы́стро я иду́ к **зака́ту дней**. the sunset of my days
Я умру́ — моя́ поме́ркнет сла́ва,
Не диви́сь — и не **тужи́** о ней!   grieve

Знай, дитя́: ей до́лгим, я́рким све́том
25   Не горе́ть на и́мени моём, —
Мне борьба́ меша́ла быть поэ́том,
Пе́сни мне меша́ли быть бойцо́м.

Кто, служа́ вели́ким це́лям ве́ка,
Жизнь свою́ всеце́ло отдаёт
30   На борьбу́ за бра́та-челове́ка,
То́лько тот себя́ переживёт...

                                        1876

ГОРЯ́ЩИЕ ПИ́СЬМА

Они́ горя́т!.. Их не напи́шешь вновь,
35   Хоть написа́ть, смея́сь, ты обеща́ла...
Уж не гори́т ли с ни́ми и любо́вь,
Кото́рая их се́рдцу **диктова́ла**?   dictated

Их ло́жью жизнь ещё не назвала́,
Ни пра́вды их ещё не доказа́ла...
Но та рука́ со зло́бой их сожгла́,
Кото́рая с любо́вью их писа́ла!

5   Свобо́дно ты реша́ла вы́бор свой,
И не как раб упа́л я на коле́ни;
Но ты идёшь по ле́стнице круто́й
И де́рзко **жжёшь** пройдённые ступе́ни!..   burn
Безу́мный шаг!.. быть мо́жет, роково́й...
10   . . . .
                                    1877

                ✿   ✿   ✿

Чёрный день! Как ни́щий про́сит хле́ба,
Сме́рти, сме́рти я прошу́ у не́ба,
15   Я прошу́ её у доктаро́в,
У друзе́й, враго́в и цензоро́в,
Я **взыва́ю** к ру́сскому наро́ду: appeal
    Ко́ли мо́жешь, **выруча́й!**   if; rescue me
Окуни́ меня́ в живу́ю во́ду,*   immerse
20   И́ли мёртвой в ме́ру дай.
                                    1877

                ✿   ✿   ✿

Вели́кое чу́вство! У ка́ждых двере́й,
В како́й стороне́ ни зае́дем,   whatever region
25   Мы слы́шим, как де́ти зову́т матере́й,   'we visit
Далёких, но рву́щихся к де́тям.
Вели́кое чу́вство! Его до конца́
Мы жи́во в душе́ сохраня́ем, —
Мы лю́бим сестру́, и жену́, и отца́,
30   Но в му́ках мы мать вспомина́ем!
                                    1877

---

* According to folkloric beliefs, water that brings the dead back to life
(aqua vitae).

142

СОДЕРЖАНИЕ

В. А. ЖУКОВСКИЙ . . . 6
Дружба 7
Моя тайна 7
Светлана (отрывок) 7
Рыбак 10
Лесной царь 19
Песня 11
Невыразимое (отрывок) 12
Воспоминание 13
Море 13
«Я музу юную бывало...» 14
«Он лежал без движенья...» 15
Ночной смотр 15

К. Н. БАТЮШКОВ 17
Выздоровление 18
Мои пенаты (отрывки) 18
Разлука 23
Таврида 25
Мой гений 26
«Есть наслаждение и в
дикости лесов...» 26

А. С. ПУШКИН 27
Вольность 28
К Чаадаеву 31
Узник 31
«Свободы сеятель пустынный...» 32
«Надеждой сладостной
младенчески дыша...» 32
Демон 33
Телега жизни 33
К морю 34
Зимний вечер 36
К А.П. Керн 37
Пророк 37
Послание в Сибирь 38
Арион 39
Талисман 39
Ангел 40
Поэт 41
«Не пой, красавица, при мне...» 41
«Дар напрасный, дар
случайный...» 42
Воспоминание 42
Анчар 43
Поэт и толпа 44
«Брожу ли я вдоль
улиц шумных...» 45

«Я вас любил: любовь ещё,
быть может...» 46
«На холмах Грузии лежит
ночная мгла...» 46
Бесы 47
«Для берегов отчизны
дальной...» 48
Стихи, сочинённые ночью
во время бессоницы 49
Элегия 49
Поэту (сонет) 50
Эхо 50
«Не дай мне Бог сойти
с ума...» 51
«Пора, мой друг, пора!» 52
«Я памятник себе воздвиг
нерукотворный...» 52

Е. А. БАРАТЫНСКИЙ . . . 53
Разуверение 54
Поцелуй 54
Признание 54
Две доли 55
Истина 56
«Мой дар убог, и голос
мой негромок...» 58
«К чему невольнику
мечтания свободы?» 58
«Наслаждайтесь: всё проходит...» 58
«Я не любил её, я знал...» 59
«Болящий дух врачует
песнопенье...» 59
«О, верь: ты, нежная,
дороже славы мне» 60
«О мысль! Тебе удел цветка...» 60
Последний поэт (отрывок) 60
«Сначала мысль воплощена...» 60
«Благословен святое
известивший...» 61
«Толпе тревожный день
приветен...» 61
Мудрецу 62
«На что вы дни! Юдольный
мир явленья...» 62
Скульптор 63
«Здравствуй, отрок
сладкогласный!» 63
Ропот 64
«Спасибо злобе хлопотливой...» 64

М. Ю. ЛЕРМОНТОВ 65
Монолог 66
К *** 66
Опасение 66
Новгород 67
Одиночество 67
Мой дом 68
Стансы 68
Мой демон 69
Надежда 70
Чаша жизни 70
Исповедь 71
Ангел 72
Парус 72
«Я жить хочу! хочу печали...» 72
«Как в ночь звезды падучей пламень...» 73
«Нет, я не Байрон, я другой...» 73
«Когда волнуется желтеющая нива...» 74
«Гляжу на будущность с боязнью...» 74
Казачья колыбельная песня 75
Поэт 76
Дума 77
Молитва 78
«Как часто пёстрою толпою окружён...» 79
«И скучно и грустно...» 80
Тучи 80
Из Гёте 81
Благодарность 81
«Есть речи — значенье...» 81
Завещание 82
«Выхожу один я на дорогу...» 83
Сон 83
Родина 84
«На севере диком стоит одиноко...» 85
Утёс 85
«Прощай, немытая Россия!» 85
Пророк 86

Ф. И. ТЮТЧЕВ 87
Видение 88
Весенняя гроза 88
Последний катаклизм 89
«Как океан объемлет шар земной...» 89
Безумие 89
Silentium! 90
Сон на море 90
«Душа моя — Элизиум теней...» 91

«О чём ты воешь, ветр ночной?» 91
«Тени сизые смесились...» 92
«Что ты клонишь над водами...» 92
«Люблю глаза твои, мой друг...» 93
День и Ночь 93
«Святая ночь на небосклон взошла...» 93
«Неохотно и несмело...» 94
«О как убийственно мы любим....» 94
«Недаром милосердным Богом...» 96
«Смотри, как на речном просторе...» 96
«Неостывшая от зною...» 97
«В разлуке есть высокое значенье...» 97
Волна и дума 97
«Чему молилась ты с любовью» 97
Предопределение 98
«О, не тревожь меня укорой справедливой...» 98
«Не говори: меня он, как и прежде, любит...» 98
«Я очи знал — о эти очи!» 99
Последняя любовь 99
«О вещая душа моя!» 100
«Эти бедные селенья...» 100
«Есть в осени первоначальной...» 100
«О этот Юг! О, эта Ницца!» 101
«Кто б ни был ты, но встретясь с ней...» 101
«Весь день она лежала в забытьи...» 101
«Сегодня, друг, пятнадцать лет минуло...» 102
Накануне годовщины 4-го августа 1864 года 102
«Как хорошо ты, о море ночное!» 102
«Ночное небо так угрюмо...» 103
«Певучесть есть в морских волнах...» 103
«Умом Россию не понять...» 104
«О жизни той, что бушевала здесь...» 104

А. А. ФЕТ 106
«Чудная картина...» 107
«Скучно мне вечно болтать...» 107
Узник 107
«Я пришёл к тебе с приветом...» 108

«Непогода — осень — куришь...» 108
«Шепот, робкое дыханье...» 109
«Что за ночь! Прозрачный
    вохдух скован...» 109
«Ласточки пропали...» 109
«В темноте, на треножнике
    ярком...» 110
Ивы и берёзы 110
«На стоге сена ночью
    южной...» 111
Ещё майская ночь 111
Музе 111
«Какая ночь! Как воздух
    чист!» 112
Старые письма 113
«Ярким солнцем в лесу
    пламенеет костёр...» 113
Купальщица 114
«Кому венец: богине ль
    красоты...» 114
«Только встречу улыбку
    твою...» 115
Среди звёзд 115
Смерть 116
Alter Ego 116
«Ты отстрадала, я ещё
    страдаю...» 116
«Это утро, радость эта...» 117
«Только в мире и есть
    что тенистый...» 117
Смерти 118
«Долго снились мне вопли
    рыданий твоих...» 118
«Ты вся в огнях. Твоих
    зарниц...» 118
«Из дебрей туманы несмело...» 119
«Как беден наш язык!..» 119
«Одним толчком согнать
    ладью живую...» 119
«Не нужно, не нужно мне
    проблесков счастья...» 120
«Как трудно повторять
    живую красоту...» 120

Н. А. НЕКРАСОВ 121
Тройка 122
«Когда из мрака
    заблужденья...» 123
«Еду ли ночью по улице
    тёмной...» 124
«Поражена потерей
    безвозвратной...» 125
«Вчерашний день, часу
    в шестом...» 126
«Так это шутка? Милая моя...» 126
«Мы с тобой бестолковые
    люди...» 127
«Я не люблю иронии твоей...» 127
«Блажен незлобивый поэт...» 128
«Замолкни, муза мести и
    печали...» 129
«Праздник жизни — молодости
    годы...» 130
«Внимая ужасам войны...» 130
Прости 131
«В столицах шум, гремят
    витии...» 131
Бунт 132
«Стихи мои! Свидетели
    живые...» 132
«Что ты, сердце моё,
    расходилося...» 132
«...одинокий, потерянный...» 132
Что думает старуха, когда ей
    не спится 133
«Назови мне такую обитель...» 134
Зелёный шум 135
Катерина 136
С работы 137
Мать 138
Утро 138
Пророк 140
Зине 140
Горящие письма 140
«Чёрный день! Как нищий
    просит хлеба...» 141
«Великое чувство! У каждых
    дверей...» 141

РУССКИЕ ПОЭТЫ

XX ВЕКА

АНТОЛОГИЯ ДЛЯ СТУДЕНТОВ

Составление, примечания, биографические
справки, глоссарий

ПРОФЕССОР ЭМИЛЬ ДРЕЙЦЕР

Hermitage Publishers

2000

Printed in Great Britain
by Amazon.co.uk, Ltd.,
Marston Gate.